智库中社

国家智库报告 2019（24）
National Think Tank

社会·政法

# 中国司法公开新媒体应用研究报告（2019）

## ——人民法院庭审公开第三方评估

支振锋　叶子豪　著

REPORT ON NEW MEDIA APPLICATION IN CHINESE JUDICIAL
TRANSPARENCY 2019 : INDEPENDENT EVALUATION ON THE
OPENNESS OF CHINA'S JUDICIAL TRIAL

中国社会科学出版社

**图书在版编目(CIP)数据**

中国司法公开新媒体应用研究报告.2019：人民法院庭审公开第三方
评估／支振锋，叶子豪著. —北京：中国社会科学出版社，2019.10
（国家智库报告）
ISBN 978 - 7 - 5203 - 5450 - 9

Ⅰ.①中… Ⅱ.①支…②叶… Ⅲ.①传播媒介—影响—司法
制度—研究报告—中国 Ⅳ.①D926

中国版本图书馆 CIP 数据核字（2019） 第 232489 号

| | |
|---|---|
| 出 版 人 | 赵剑英 |
| 项目统筹 | 王 茵 |
| 责任编辑 | 马 明 |
| 责任校对 | 杨 林 |
| 责任印制 | 李寡寡 |

| | |
|---|---|
| 出　　版 | 中国社会科学出版社 |
| 社　　址 | 北京鼓楼西大街甲 158 号 |
| 邮　　编 | 100720 |
| 网　　址 | http://www.csspw.cn |
| 发 行 部 | 010 - 84083685 |
| 门 市 部 | 010 - 84029450 |
| 经　　销 | 新华书店及其他书店 |

| | |
|---|---|
| 印刷装订 | 北京君升印刷有限公司 |
| 版　　次 | 2019 年 10 月第 1 版 |
| 印　　次 | 2019 年 10 月第 1 次印刷 |

| | |
|---|---|
| 开　　本 | 787×1092 1/16 |
| 印　　张 | 8.5 |
| 插　　页 | 2 |
| 字　　数 | 85 千字 |
| 定　　价 | 49.00 元 |

## 首 席 专 家

支振锋　中国社会科学院法学研究所研究员、中国社会科学院大学长聘教授、《环球法律评论》副主编、国家"万人计划"青年拔尖人才、博士生导师

## 项 目 组 成 员

张真理　北京市社会科学院法学研究所研究员、所长

王思锋　西北大学法学院教授、院长

韩莹莹　北京物资学院校办副主任、助理研究员

周净泓　北京市社会科学院博士后研究人员

刘晶晶　中国社会科学院上海研究院、上海大学博士研究生

叶子豪　中国社会科学院大学（研究生院）硕士生

徐梦雅　中国社会科学院大学（研究生院）硕士生

高云昊　中国社会科学院大学（研究生院）硕士生

任　蕾　中国社会科学院大学（研究生院）博士生

霍文韬　中国社会科学院大学（研究生院）硕士生

李家琛　伦敦政治经济学院研究生

**项目合作单位**：中国社会科学院大学互联网法治研究中心、华东政法大学司法研究院

**摘要：**公开是现代司法的重要特征，是司法人民性的重要体现。近年来，随着庭审公开平台的建成开通，人民法院庭审公开工作蓬勃开展，日新月异，不仅使中国司法公开达到了一个新高度，也使全人类的司法公开再上一个新台阶。2019年，中国社会科学院法学研究所支振锋研究员率"人民法院庭审公开第三方评估"课题组，对2018年全国法院庭审公开工作进行了第三方评估。本报告作为2018年人民法院庭审公开工作第三方评估的研究成果，对此次庭审公开评估的对象、方法进行了详细论证，对该年度全国法院庭审公开工作的基本状况和所取得的进展进行了客观呈现和分析，总结了中国庭审公开的成绩和经验，指出了其缺憾与不足，并提出了改进意见与建议。

**关键词：**全国法院；庭审公开；第三方评估

**Abstract**: Openness is an important feature of modern judiciary and an important manifestation of the natural of people's court. In recent years, with the opening and operation of the openness platform for judicial trials, the trial of the people's courts has entered a new stage of publicity, which has brought the judicial openness of all mankind to a new level. In 2019, the Research Group of the Institute of Law of the Chinese Academy of Social Sciences, "Independent Evaluation on the Openness of China's Judicial Trial" continued to conduct an evaluation of the 2018 national court trial openness work. This report is the result of the research on the independent evaluation of the trial of the people's court in 2018. The object and method of the open evaluation of the court trial were examined in detail, and the basic situation and progress of the public work of the court in 2018 were objectively analyzed. Presenting and analyzing, summarizing the achievements and experiences of the trials in China, pointing out their experiences and deficiencies, and proposing improvements and suggestions.

**Key Words**: National Courts, Public Hearing, Third Party Evaluation

# 目　　录

# 第一章　庭审公开促进司法公正

## 一　庭审公开：以透明促进公正

公开是人民司法的内在要求。一方面公开透明打破了司法审判的神秘主义，另一方面也提升了现代司法的公信力。由于司法的专业性，司法权往往颇具"神秘性"，公众对司法体系了解不足，从而降低司法权的公信力，这在世界范围内都是一大难题。而推进司法公开，提高司法透明度，使人民更加接近司法，才能使司法体系成为公众信任的国家公权力系统，并为进一步提高司法权威、增强司法公信力提供支撑。

公正是人民司法的本质特征。中共十八届四中全会通过的《中共中央关于全面推进依法治国若干重大问题的决定》指出，公正是法治的生命线。习近平总书记在首都各界纪念现行宪法公布施行三十周年大会上指出："我们要依法公正对待人民群众的诉求，努力让人民群众在每一个案件中都能感受到公平正义。"①正义不仅要实现，而且要以看得见的方式实现。让公众更加接近司法是司法公开的题中之义。随着依法治国和司法公开的稳步推进，中国人民法院的司法公开不断进步，司法透明度不断提升。与此同时，人民群众对司法公开和司法透明度的需求也在不断提高。若要进一步通过司法公开促进司法公正，提高司法权威，增强司法公信力，让人民群众对人民法院司法改革有更多获得感，就需要不断创新司法公开的新举措，积极寻找司法公开的新办法，充分利用司法公开的新工具。信息化为司法公开新工具应用提供了平台和技术支撑，在新工具的支持下，人民法院逐步推进审判流程公开、裁判文书公开、执行信息公开以及庭审公开四大公开平台建设，构建了一个立体、丰富、多元的框架，为透明司法提供了最重要的制度、平台和组织保障，为人民群众了解司法公开工作开辟了新途径，大大推动了中国司法公开工作。

尤其是，庭审是司法过程的核心环节，是人民群众最直观、最便捷、最高效地感受庭审公开的途径。

---

① 习近平：《在首都各界纪念现行宪法公布施行三十周年大会上的讲话》（2012 年 12 月 4 日），《十八大以来重要文献选编》（上），中央文献出版社 2014 年版，第 91 页。

2016年9月27日，"中国庭审公开网"正式上线，通过互联网技术将庭审实况传播到大众视野中。中国庭审公开网向社会公众提供中国各级法院司法审判的现场直播及录像回顾，该网站已经基本实现全国各级法院接入的全覆盖，截至2018年12月31日，在中国庭审公开网上进行直播案件的法院中，高院中有31家接通并直播庭审，占同层级法院比例为96.88%；全国中院中有398家接入并直播庭审，占比为95.9%；而基层法院有2843家接通并直播庭审，占比为92.64%。截至2019年9月12日，中国庭审公开网累计直播庭审超过473.5万件次，超过190亿人次点击访问。① 这距2018年6月30日中国庭审公开网直播庭审超过100万件次、总访问量70亿余人次，② 仅仅才14个月。短短1年多时间，人民法院庭审公开工作取得了更加显著的巨大成就。

中国庭审公开网的上线，标志着人类有史以来规模最大的全国统一性司法公开平台的建成。当前，通过视频直播开展的庭审公开已经成为中国各级法院司法公开的重要选择，无论是直播公开案件的数量还是

---

① 该数据参见中国庭审公开网：http://tingshen.court.gov.cn，最后访问时间：2019年9月12日。

② 该数据参见支振锋等《中国司法公开新媒体应用研究报告（2018）——人民法院庭审公开第三方评估》，中国社会科学出版社2018年版，第5页。

公开案件的覆盖广度都表明司法公开在稳步前行。庭审公开逐渐成为深化司法公开、展现法官风采、树立司法公信的重要窗口，也有助于人民群众更加了解和理解法院工作，从内心树立起对司法权威的认可和尊重。

## 二 中国庭审公开工作的展开

作为司法公开的重要部分，庭审公开的常态化开展，对于庭审实质化改革、司法系统的权威提升、人民群众的权利保障以及丰富人类在司法公开方面的实践都具有积极意义。司法公开是中国司法的宝贵传统，特别是改革开放以来，中国在庭审公开工作的广度、深度和速度上都以前所未有的力度扬帆前进。

1996 年广州市中级人民法院与广州电视台合作对"12·22"特大劫钞案（庭审）进行现场直播，直播时长达 10 个小时。① 如果说这次案件直播的影响范围仅限于广东省，那么在 1998 年 7 月 11 日，中央电视台首次现场直播了北京市第一中级人民法院审理的著作权侵权案；在 1999 年 3 月 26 日，中央电视台又现场直播了綦江虹桥案，这些都是面向全国直播的案件，影响巨大。北京市第一中级人民法院审理并直播的著

---

① 参见甘正培《广州现场庭审》，《政府法制》1996 年第 5 期。

作权侵权案收视率为 4.5%，超过每天中午播出的"新闻 30 分"栏目；① 而綦江虹桥案直播是同时间段节目正常收视率的 2—7 倍。②

随后陆续有地方法院利用互联网技术对庭审进行现场直播。例如，在 2003 年 5 月 14 日，浙江省丽水市莲都区人民法院对一起变更抚养关系案件进行了网络直播；2013 年济南中院通过 150 多条微博、近 16 万字的图文直播"薄熙来案"；2016 年 1 月，北京市海淀区人民法院以全程视频直播的形式审理了轰动一时的快播公司涉嫌传播淫秽物品牟利案，逾百万人观看了此次庭审。③

互联网新技术的引入，使法院对庭审活动进行直播有了更大可能。在地方法院积累了一定的经验后，最高人民法院也在积极推动庭审直播的展开，并建立了全国统一的庭审直播平台。2013 年 11 月 28 日，最高人民法院颁布《关于推进司法公开三大平台建设的若干意见》，其中提到人民法院应当积极创新庭审公开

① 参见徐迅《庭审直播：司法审判加强透明度》，《法律与生活》1999 年第 1 期；转引自张泽涛《庭审应该允许有选择性地直播——与贺卫方先生商榷》，《法学》2000 年第 4 期。

② 参见张泽涛《庭审应该允许有选择性地直播——与贺卫方先生商榷》，《法学》2000 年第 4 期。

③ 参见支振锋、叶子豪等《中国司法公开新媒体应用研究报告（2018）——人民法院庭审公开第三方评估》，中国社会科学出版社 2018 年版，第 12—13 页。

的方式，以视频、音频、图文、微博等方式适时公开庭审过程，为庭审公开的开展提供了权威性依据。2016 年 4 月 26 日知识产权日，最高人民法院公开开庭审理再审申请人迈克尔·乔丹与被申请人国家工商行政管理总局商标评审委员会、一审第三人乔丹体育股份有限公司 10 件商标争议行政纠纷系列案件，进行庭审直播"试水"，150 万余名网友观看，社会效果很好。2016 年 5 月 1 日，新修订的《中华人民共和国人民法院法庭规则》正式施行，其中第十一条规定："依法公开进行的庭审活动，具有下列情形之一的，人民法院可以通过电视、互联网或其他公共媒体进行图文、音频、视频直播或录播：（一）公众关注度较高；（二）社会影响较大；（三）法治宣传教育意义较强。"该规则的颁行事实上为庭审直播提供了明确的法律依据，在法律规范方面扫除了障碍。

2016 年 9 月 27 日，中国庭审公开网正式上线，为全国法院的庭审直播提供了统一的平台。在中国庭审公开网开通之时，全国仅有 383 家法院接入，占比为10.89%；到 2018 年 2 月 11 日，全国 3517 家法院已全部接入中国庭审公开网。从上线时的 10.89% 接入率到全国法院 100% 接入，仅仅花了 502 天。相对于巴西、英国等将庭审公开活动限制在上诉法院的国家，中国更进一步将庭审公开的法院范围扩大至所有法院层级。

庭审直播受到了广大人民群众的欢迎，观看量超过千万人次的案件不胜枚举。例如，广东省云浮市罗定市人民法院审理的案号为"（2018）粤5381刑初319号"的案件，月观看量超过1000万人次。① 庭审直播成为最生动的法治公开课，成为普及法治教育、保障人民知情权、维护司法公信、提高司法权威的重要途径。

实践表明，中国在庭审公开尤其是庭审直播方面已经走在世界前列，实现了对西方国家的"弯道超车"。② 中国推动庭审公开工作的经验可以归纳为，地方法院先行先试、最高人民法院统一推动。一方面，先由地方法院积累经验，为庭审直播可能带来的问题做好预估；另一方面，由最高人民法院统一推动，保证了全国法院在庭审直播上步调一致，高效而全面地做好庭审直播工作。

为了客观反映人民法院庭审公开的现状与进展，从2016年起，我们即展开相关专题研究。2016年3月，课题组发布第一本研究报告《中国司法公开新媒体应用研究报告（2015）》。2018年，受最高人民法院委托，课题组开展了对人民法院2017年度庭审公开工

---

① 详细数据参见中国庭审公开网"热点排行"栏目，http：//tingshen. court. gov. cn/，最后访问日期：2019年6月9日。

② 参见支振锋《庭审网络直播——司法公开的新型方式与中国范式》，《法律适用》2016年第10期。

作的第一次第三方评估，并出版《中国司法公开新媒体应用研究报告（2018）——人民法院庭审公开第三方评估》。2019 年，课题组继续对人民法院庭审公开工作进行独立的第三方评估，本书就是相关研究成果的具体呈现。

# 第二章　庭审公开评估的指标设置

经课题组认真研究和科学、民主讨论，并经召开研讨会及咨询相关专家，结合庭审公开第三方评估工作的延续性和稳定性，本次庭审公开第三方评估指标体系设计的基本原则与上次第三方评估一致，即以合法性、客观性、现实性以及引导性为原则，设计科学、客观、中立的评估指标体系。[①]

## 一　评估对象、数据来源与方法

通过与有关部门协调，本次评估对象共计为 224 家人民法院，包括全部高级人民法院，以及按照抽查规则抽取的部分中级人民法院和基层人民法院，具体

---

[①] 参见支振锋、叶子豪等《中国司法公开新媒体应用研究报告（2018）——人民法院庭审公开第三方评估》，中国社会科学出版社 2018 年版。

情况后文会详述。

　　评估工作的数据来源主要有两个，一是课题组按照统计学的抽样规则，对被评估法院庭审直播视频进行人工抽查所获取的数据，侧重于庭审直播的具体效果；二是课题组请求最高院审管办协调中国庭审公开网提供的数据，侧重于庭审直播的宏观统计。经过处理不同数据后对各指标进行计算、评分，最后得出结果。总体上看，本次庭审公开评估工作接续上一年度评估工作的成熟做法，继续以问题为导向，尽可能发现庭审公开推进过程中出现的亮点和问题，以期能更加高质量地推广庭审公开工作。但是，与上一年度的评估相比，本次庭审公开评估少了对各级各地法院庭审公开组织管理相关工作的评估，但更强调庭审公开效果的客观呈现。

　　由课题组抽查数据进行评估的指标权重为50%。根据指标体系，课题组确定了案件抽查规则。抽查时间范围为2018年3月1日至12月31日，共计10个月的庭审直播视频。在10个被评估月份中，抽取每月10日和20日的各1个案件，如当日为节假日或没有案件，则依序顺延到当月19日及当月最后一天，直到有案件为止。因此，每个法院每月抽取2个案件，最多可抽取20个案件；理论上讲，224个法院抽取案件最多可达4480个。

　　抽查重点关注诉讼各方参与人画面展示情况、画面质量、播出音效、直播完整程度、庭审秩序、庭审礼仪、出席情况、个人信息依法保护；同时抽查案件的名称、案号、案由、基本案情、审判组织成员等，并在抽查案件过程中一并打分。对于上述案件的抽查和指标评分，课题组均做好完整记录，必要时都做到拍照或截图，以留存备查，确保抽查、评分的客观、公正。

　　对于指标体系中的某些指标，如"板块建设"，抽查并不能满足评估需要，因此课题组成员需要点击224家法院的官网进行收集。为了确保数据的准确性，课题组通过多种浏览器，在不同时段分别浏览和收集，并多次进行复核，保证评分基于稳定的客观事实。

　　对于中国庭审公开网的一些统计性数据，如本级法院直播案件观看量、案件总数、直播比例、案件类型比例、直播案件天数、本级法院直播案件量、员额法官人均直播案件等，均由中国庭审公开网统一提供。为了确保数据的准确性，排除数据可能出现的瑕疵或污染，我们曾于2018年1月26日、2019年3月4日、2019年6月6日三次请求最高院审管办协调中国庭审公开网提供相关法院直播案件的相关数据。其中2018年1月26日请求中国庭审公开网提供了2017

年全年受评法院的直播案件相关数据（下称"1·26数据"）；2019年3月4日请求中国庭审公开网提供了2018年全年受评法院的直播案件相关数据（下称"3·4数据"）；2019年6月6日请求中国庭审公开网提供了受评法院和课题组观察法院两份法院名单的直播案件数据（下称"6·6数据"），包括了以下4个时间段的相关法院直播案件数据：（1）2016年9月27日至12月31日；（2）2017年全年（1月1日—12月31日）；（3）2018年全年（1月1日—12月31日）；（4）2016年9月27日至2019年5月31日。

但是课题组经认真核查和对比后发现，部分法院直播数据存在误差。具体问题如下：第一，经过比对"1·26数据"和"6·6数据"两次提供的受评法院2017年全年直播案件总数（简称2017年全年数据），课题组发现两组数据中，部分法院的案件直播总数不一致，甚至有些法院的"6·6数据"为0。

第二，经过比对"3·4数据"和"6·6数据"的相关法院2018年全年直播案件总数（简称2018年全年数据），课题组发现两组数据中，部分法院的案件直播总数不一致，甚至有些法院的"6·6数据"为0。

第三，经过比对"6·6数据"中2016年9月27日至2019年5月31日的案件直播总数和中国庭审公开网页面显示的案件直播总数（以 2019 年 6 月 14 日显示的数据为准），课题组发现两组数据中，中国庭审公开网提供的部分受评法院和课题组观察法院的案件直播总数与中国庭审公开网页面显示数据相差较大。

课题组还发现中国庭审公开网首页显示的部分法院直播案件总数与该法院页面显示的直播案件总数不一致。也就是说，就同一个网站中的同一个法院而言，首页与法院页面数据不一致。

对于这些数据不一致的情况，课题组与中国庭审公开网进行了沟通。经过讨论，认为可能系出于这些原因：第一，就上述问题一和问题二，相同法院的同一数据口径，庭审公开网前后提供数据不一致的情形的原因，可能是相关法院自行删减了庭审直播视频，或者是原本直播的案件在上传一段时间后被相关法院设为不公开，也可能是上传录播视频或转码失败导致的重新上传。这些因素都会引起后台数据的变化，从而导致相同法院的同一数据不一致。而部分法院的"6·6数据"为 0 的原因在于，课题组请求中国庭审公开网提供数据时，使用的法院名称与庭审公开网后台名称不匹配，导致系统无法在后台正确抓取相关法院的数据。

第二，针对问题三，即案件量在短期内突然增大的情况，中国庭审公开网答复如下：可能存在相关案件联审的情形，在原来的数据中按一个案件计算，但是在后期的数据中按案号拆分计算，因此部分法院存在案件量突然增多的情况。

第三，针对问题四，即中国庭审公开网首页显示的部分法院直播案件数与该法院页面显示的直播案件总数不一致，原因是首页显示的直播数是直播案件数与录播案件数的总和，而法院页显示的直播案件总数仅包含直播数而不包含录播数；另外由于上述两点提到的原因，数据存在动态变化，所以在某个时刻可能出现不一致的情形。

在确认数据存在误差并且现阶段难以处理这些误差后，课题组在进行评估时，涉及中国庭审公开网提供数据的部分指标全部以"1·26 数据"和"3·4数据"，也即法院庭审直播案件数较多的口径为准。

## 二　庭审公开指标体系设置

庭审直播指标共分为两级，其中一级指标 4 个，二级指标 22 个，需要计算指标 22 个。具体指标名称及分数设置详见表 2-1。

表 2 - 1 2018 年度"人民法院庭审公开第三方评估"指标体系

| 一级指标 | 二级指标 |
| --- | --- |
| 1. 庭审直播效果 | 1.1 案件名称 |
| | 1.2 案号 |
| | 1.3 案由 |
| | 1.4 基本案情 |
| | 1.5 审判组织成员 |
| | 1.6 诉讼参与人画面展示情况 |
| | 1.7 画面质量 |
| | 1.8 播出音效 |
| | 1.9 直播完整度 |
| | 1.10 本级法院直播案件观看量排名 |
| 2. 直播案件数量与类型 | 2.1 案件总数 |
| | 2.2 直播比例 |
| | 2.3 案件类型比例 |
| | 2.4 直播常态化 |
| | 2.5 本级法院直播案件量排名 |
| 3. 直播案件庭审组织 | 3.1 庭审秩序 |
| | 3.2 庭审礼仪 |
| | 3.3 出席情况 |
| | 3.4 个人信息依法保护 |
| 4. 庭审公开组织工作与平台建设 | 4.1 板块建设 |
| | 4.2 员额法官人均直播案件数 |
| | 4.3 庭审公开组织工作 |

# 三 具体指标与数据来源

在庭审公开评估指标体系中，共有 22 个指标被单独赋值。其中，数据来源主要有 3 项，分别是课题组收集、最高院提供以及由中国庭审公开网提供，另外课题组通过不同技术方法从其他途径收集数据，作为保证数据来源可靠性、准确性的辅助手段。在本次评估需要收集的指标数据中，由课题组自行收集的指标数据为 14 个，由中国庭审公开网单独提供的指标数据共计 4 个；其余指标数据来源系根据上述数据来源组合收集。具体内容详见表 2-2。

表 2-2　　　　2018 年度"人民法院庭审公开第三方评估"
指标、数据来源

| 赋值指标 | 数据来源 |
|---|---|
| 1.1 案件名称 | 课题组 |
| 1.2 案号 | 课题组 |
| 1.3 案由 | 课题组 |
| 1.4 基本案情 | 课题组 |
| 1.5 审判组织成员 | 课题组 |
| 1.6 诉讼参与人画面展示情况 | 课题组 |
| 1.7 画面质量 | 课题组 |
| 1.8 播出音效 | 课题组 |
| 1.9 直播完整度 | 课题组 |
| 1.10 本级法院直播案件观看量排名 | 中国庭审公开网 |
| 2.1 案件总数 | 中国庭审公开网 |
| 2.2 直播比例 | 最高院 + 中国庭审公开网 |
| 2.3 案件类型比例 | 最高院 + 中国庭审公开网 |
| 2.4 直播常态化 | 中国庭审公开网 |
| 2.5 本级法院直播案件量排名 | 中国庭审公开网 |
| 3.1 庭审秩序 | 课题组 |
| 3.2 庭审礼仪 | 课题组 |
| 3.3 出席情况 | 课题组 |
| 3.4 个人信息依法保护 | 课题组 |

| 赋值指标 | 数据来源 |
| --- | --- |
| 4.1 板块建设 | 课题组 |
| 4.2 员额法官人均直播案件数 | 最高院＋中国庭审公开网 |
| 4.3 庭审公开组织工作 | 课题组＋中国庭审公开网 |

# 四　指标设置依据与评分标准

根据指标设置合法性、客观性、现实性和引导性的要求，详细依据如下。

## 1.1　案件名称

根据《人民法院民事裁判文书制作规范》，案件名称是当事人与案由的概括，在民事一审中，案件名称表述为"原告×××与被告×××……（写明案由）一案"。《最高人民法院关于在中国裁判文书网站平台公布的裁判文书的格式要求及技术处理规范》规定："四、技术处理的内容及方法（二）应当保留的信息：2. 其他个人信息包括当事人的姓名或者名称，法定代表人、负责人、辩护人、委托代理人等的姓名不做技术处理。"因此在民事一审案件名称中，只要完整表述以上信息即可得分，否则不得分。同理，在民事二审、再审案件名称中，只要完整表述当事人与案由，即可得分。

至于刑事案件与行政案件，同样可以使用"当事人＋罪名/案由"的形式作为案件名称的基本评分标准。

## 1.2　案号

最高人民法院出台的若干个规范性文件如《人民法院民事裁判文书制作规范》《关于人民法院案件案号的若干规定》《最高人民法院关于在同一案件多个裁判文书上规范使用案号有关事项的通知》等对案号均做了详细规定，其中在《关于人民法院案件案号的若干规定》第三条规定："案号各基本要素的编排规格为：'（'＋收案年度＋'）'＋法院代字＋类型代字＋案件编号＋'号'。每个案件编定的案号均应具有唯一性。"

案号在诉讼过程具有重要地位，通常在立案阶段法院就对每个案件生成相对应的唯一案号。所以案号的评分标准为按照"全有或全无并兼顾合法性"的方式进行评分，只要在庭审直播的相关网页显示了正确案号且规范即可得满分，否则不得分。如果案号存在明显错误同样不可得分。例如，北京的案件编号写成了河北的案件编号，初审案件写成再审案件，等等。

## 1.3　案由

最高人民法院出台有若干个与案由相关的规范性文件，如《民事案件案由规定》《最高人民法院关于规范行政案件案由的通知》等，对案由的内容做了详细规定。我们可以根据这两个规范性文件确定民事诉讼与行政诉讼的案由标准，再根据这两类案件确定刑事诉讼的"案由"标准。

在民事案件中，《最高人民法院关于印发修改后的〈民事案件案由规定〉的通知》对案由的适用做了以下规定："第一审法院立案时应当根据当事人诉争法律关系的性质，首先应适用修改后的《民事案件案由规定》列出的第四级案由；第四级案由没有规定的，适用相应的第三级案由；第三级案由没有规定的，适用相应的第二级案由；第二级案由没有规定的，适用相应的第一级案由。地方各级人民法院对审判实践中出现的可以作为新的第三级民事案由或者应当规定为第四级民事案由的纠纷类型，可以及时报告最高人民法院。最高人民法院将定期收集、整理、筛选，及时细化、补充相关案由。"

在行政案件中，《最高人民法院关于规范行政案件案由的通知》（以下简称《通知》）将行政案件案由分为作为类案件、不作为类案件、行政赔偿类案件。在作为类案件中，《通知》指出："行政作为类案件案由的结构为：管理范围＋具体行政行为种类。以诉公安机关所作的行政拘留处罚为例，案由应确定为：'治安行政处罚'。'治安'为公安行政管理范围之下具体的治安管理；'行政处罚'则是具体行政行为的种类，不用具体的处罚形式'拘留'进行表述。"在不作为类案件的案由中,《通知》指出:"不作为类案件的案由,原则上仍适用上述作为类案件的两种构成要素的结构,但又要体现此类案件的特色,其确定方法是:以'诉'作为此类案件案由的第一个构成要素;以行政主体的类别作为第二个构成要素,如'工商行政管理机关'、'海关'等;以不履行特定行政职责或义务作为第三个构成要素……如可以具体区分为'诉××(行政主体)不履行保护人身权(财产权)法定职责'、'诉××(行政主体)不履行行政合同义务'、'诉××(房屋管理机关等)不履行登记法定职责'等等。"在行政赔偿类案件中,《通知》指出:"行政赔偿类案件分为两种情况,即一并提起行政赔偿和单独提起行政赔偿。对于一并提起的行政赔偿案件,在被诉具体行政行为案件案由后加'及行政赔偿'一语即可。如'工商行政登记及行政赔偿''诉公安机关不履行保护人身权法定职责及行政赔偿'等。对于单独提起行政赔偿的案件,案由的确定方法为:行政管理范围+行政赔偿。以税务工作人员在执法中致人伤亡单独提起行政赔偿之诉为例,如'税务行政赔偿'等。"

综上所述,在民事案件案由中,只需审查某一案件案由是否能够按照最高院的说明确认,并审查案由与案件是否一致,即民事案件案由的评分标准使用"全有或全无并兼顾正确性"的方式进行评分。在行政诉讼中可以抽象出三类四种模式作为我们评分的标准：（1）"管理范围＋具体行政行为种类"；（2）"诉××（行政主体）不履行××（行政职责或义务）"；（3）"管理范围＋具体行政行为种类＋行政赔偿"；（4）"行政管理范围＋行政赔偿"。

案由的评分标准同样使用"全有或全无并兼顾正确性"的方式进行评分，即形式上与上述模式一致，实质上与案件本身一致，只要两者相一致即可得分，否则不得分。

### 1.4 基本案情

《最高人民法院关于人民法院直播录播庭审活动的规定》第一条规定：人民法院通过电视、互联网或者其他公共传媒系统对公开开庭审理案件的庭审过程进行图文、音频、视频的直播、录播，应当遵循依法、真实、规范的原则。且"案情简介"是中国庭审公开网直播案件的必要因素，因此课题组结合上述规定之精神与实际情况设置本指标。

直播视频所显示的基本案情中，覆盖起诉日期、双方当事人姓名或名称、案由、诉讼阶段的得满分，缺乏任意一项的扣相应分值，扣完即止。

### 1.5 审判组织成员

《中华人民共和国刑事诉讼法》第一百七十八条规

定：基层人民法院、中级人民法院审判第一审案件，应当由审判员三人或者由审判员和人民陪审员共三人组成合议庭进行，但是基层人民法院适用简易程序的案件可以由审判员一人独任审判。高级人民法院、最高人民法院审判第一审案件，应当由审判员三人至七人或者由审判员和人民陪审员共三人至七人组成合议庭进行。人民陪审员在人民法院执行职务，同审判员有同等的权利。人民法院审判上诉和抗诉案件，由审判员三人至五人组成合议庭进行。合议庭的成员人数应当是单数。合议庭由院长或者庭长指定审判员一人担任审判长。院长或者庭长参加审判案件的时候，自己担任审判长。

《中华人民共和国民事诉讼法》第三十九条规定：人民法院审理第一审民事案件，由审判员、陪审员共同组成合议庭或者由审判员组成合议庭。合议庭的成员人数，必须是单数。适用简易程序审理的民事案件，由审判员一人独任审理。陪审员在执行陪审职务时，与审判员有同等的权利义务。第四十条规定：人民法院审理第二审民事案件，由审判员组成合议庭。合议庭的成员人数，必须是单数。发回重审的案件，原审人民法院应当按照第一审程序另行组成合议庭。审理再审案件，原来是第一审的，按照第一审程序另行组成合议庭；原来是第二审的或者是上级人民法院提审的，按照第二审程序另行组成合议庭。

《中华人民共和国行政诉讼法》第六十八条规定：人民法院审理行政案件，由审判员组成合议庭，或者由审判员、陪审员组成合议庭。合议庭的成员，应当是三人以上的单数。

因此首先判断审判组织成员是否显示完整且正确，均满足的可得满分，审判组织成员标注正确但不完整的，每出现该情况一次扣除相应分值。

1.6　诉讼参与人画面展示情况

根据《最高人民法院关于加快建设智慧法院的意见》（法发〔2017〕12 号　2017 年 4 月 12 日）的规定及精神，在庭审视频直播中，刑事案件应有 4 个镜头，分别展示审判组织成员、公诉人、犯罪嫌疑人、辩护律师；民事案件及行政案件应有 3 个镜头分别展示审判组织成员、原告、被告。如直播法庭镜头满足语音激励或镜头数量要求得满分，镜头数量不达标或只有 1 个镜头且没有切换的情况扣除相应分值。

1.7　画面质量

根据《人民法院审判法庭信息化建设规范（试行）》中"三、建设内容及要求"中的"（四）音视频管理"第 2 点第（1）项信息采集：实时采集庭审音视频信息。可以采集、传输、存储一路或多路庭审画面。也可以采编一路或多路复合画面（包含摄像机信号和证据信号）图像质量应达到四级（GB 50348—2004）以上。

根据《最高人民法院关于加快建设智慧法院的意见》（法发〔2017〕12 号  2017 年 4 月 12 日）和最高院 2016 年印发的《科技法庭应用技术要求》对视频采集和庭审实况的要求：最终庭审视频合成画面分辨率要求不低于 1080P。

本指标采用课题组抽查案件审核的方式，通过"有视频画面""画面清晰度高""无画面"等情况进行打分。

### 1.8  播出音效

根据《人民法院审判法庭信息化建设规范（试行）》中"三、建设内容及要求"中的"（六）灯光音响"第 2 点第（4）项：满足国家标准 GB 50371—2006——《厅堂扩声系统设计规范》中的会议类扩声系统声学特性指标。

就播出音效而言，案件直播声音清晰流畅能辨认说话内容即可得满分。通过抽查，每个案件直播中不能清晰辨认声音达 10 秒扣分，扣完为止。全部抽查案件情况计平均分。

### 1.9  直播完整度

根据《最高人民法院关于人民法院庭审录音录像的若干规定》第一条之规定："人民法院开庭审判案

件，应当对庭审活动进行全程录音录像。"第三条规定："庭审录音录像应当自宣布开庭时开始，至闭庭时结束。除下列情形外，庭审录音录像不得人为中断：（一）休庭；（二）公开庭审中的不公开举证、质证活动；（三）不宜录制的调解活动。负责录音录像的人员应当对录音录像的起止时间、有无中断等情况进行记录并附卷。"

从法官宣布开庭时起到法官宣布休庭或退庭为止为完整的案件直播视频，可得满分。缺少开庭环节或宣布休庭环节均扣分。直播结束后，设备未关闭超过5分钟的也扣除相应分数。计分方式是计算抽查案件得分的平均数。

### 1.10 本级法院直播案件观看量排名

根据《2018年人民法院工作要点》第三十四项：全面深化司法公开。更加重视移动互联时代新特点，依托技术手段全面拓展司法公开的广度和深度。加大各公开平台建设整合力度，促进平台从单向披露转为多向互动。扩大庭审直播、裁判文书上网及各类司法信息公开范围，促使法官提升司法能力、改进司法作风。加强司法宣传工作，既加强正面舆论引导，又加强负面舆情应对，建立司法新闻宣传全媒体平台。

2017年11月1日，周强院长在第十二届全国人民代表大会常务委员会第三十次会议上的《最高人民法院关于人民法院全面深化司法改革情况的报告》中强调：要"强化司法公开理念，健全完善司法公开的制度机制"，"建设司法公开四大平台，加快构建开放、动态、透明、便民的阳光司法机制。依托信息化手段，建成审判流程、庭审活动、裁判文书、执行信息四大公开平台"。

综上，本指标按照被评估法院在本级法院中直播案件总观看量排名情况综合评分。

## 2.1　案件总数

根据《最高人民法院关于加快建设智慧法院的意见》（法发〔2017〕12 号　2017 年 4 月 12 日）的规定及精神，案件总数的评分标准如下：以被评估法院同一层级法院的直播案件平均数为标准，以各法院的直播案件数量与该标准的一定比例进行评分。各被评估法院的案件总数以中国庭审公开网的数据为准。

## 2.2　直播比例

根据相关法律和《最高人民法院关于加快建设智慧法院的意见》（法发〔2017〕12 号　2017 年 4 月 12 日）的规定及精神，直播案件比例评分标准的常量包括两个：（1）被评估法院案件直播量除以最高院提供的该法院结案量计出比数；（2）被评估法院同一层级法院直播案件量除以同一层级法院结案量，计出比数。按不同比数层级进行打分。

2.3　案件类型比例

根据《最高人民法院关于加快建设智慧法院的意见》（法发〔2017〕12 号　2017 年 4 月 12 日）的规定及精神，以及最高院相关通告规定，在刑事、民事、行政三类案件中，每一类案件的直播案件量占所有在中国庭审公开网直播案件量的比例与每一类案件占年度结案量比例相比，三类案件各自计分，先计算行政案件，再计算民事和刑事案件。按照三类案件的比例进行打分。

2.4　直播常态化

具体依据同本书第 25 页 "1.10 本级法院直播案件观看量排名"。

通过计算被评估法院在评估期间的工作日的直播情况，以 "有直播案件天数/工作日数" 的公式计算出有直播案件的天数占工作日的比例，再计算同一层级评估法院的平均比例，以相关比例综合计分。

2.5　本级法院直播案件量排名

具体依据同本书第 25 页 "1.10 本级法院直播案件观看量排名"。

综上，本指标根据被评估法院在本级法院中直播案件数/总结案数比例的排名情况综合评分。

3.1　庭审秩序

根据《中华人民共和国刑事诉讼法》《中华人民

共和国民事诉讼法》《中华人民共和国行政诉讼法》，以及《中华人民共和国人民法院法庭规则》（法释〔2016〕7号）、《最高人民法院办公厅关于进一步加强法庭审判秩序管理的通知》（法办〔2009〕600号）对庭审秩序做出规定，依据上述规范性文件，违反庭审秩序的主要体现有：

一、除需在法庭上出示之证据外携带：（一）枪支、弹药、管制刀具以及其他具有杀伤力的器具；（二）易燃易爆物、疑似爆炸物；（三）放射性、毒害性、腐蚀性、强气味性物质以及传染病病原体；（四）液体及胶状、粉末状物品；（五）标语、条幅、传单；（六）其他可能危害法庭安全或妨害法庭秩序的物品。

二、下列人员旁听庭审：（一）证人、鉴定人以及准备出庭提出意见的有专门知识的人；（二）未获得人民法院批准的未成年人；（三）拒绝接受安全检查的人；（四）醉酒的人、精神病人或其他精神状态异常的人；（五）其他有可能危害法庭安全或妨害法庭秩序的人。

三、法庭纪律规定的部分：（一）鼓掌、喧哗；（二）吸烟、进食；（三）拨打或接听电话；（四）对庭审活动进行录音、录像、拍照或使用移动通信工具等传播庭审活动；（五）其他危害法庭安全或妨害法庭秩序的行为。

四、依法追究刑事责任的行为：（一）哄闹、冲击法庭；（二）侮辱、诽谤、威胁、殴打司法工作人员或诉讼参与人；（三）毁坏法庭设施，抢夺、损毁诉讼文书、证据。

发生上述扰乱法庭秩序的情况时，根据上述规范性文件，相关处理行动如下：（1）审判长或独任审判员对违反法庭纪律的人员应当予以警告；对不听警告的，予以训诫；对训诫无效的，责令其退出法庭；对拒不退出法庭的，指令司法警察将其强行带出法庭。行为人对庭审活动进行录音、录像、拍照或使用移动通信工具等传播庭审活动的，人民法院可以暂扣其使用的设备及存储介质，删除相关内容。（2）司法警察依照审判长或独任审判员的指令维持法庭秩序。出现危及法庭内人员人身安全或者严重扰乱法庭秩序等紧急情况时，司法警察可以直接采取必要的处置措施。人民法院依法对违反法庭纪律的人采取的扣押物品、强行带出法庭以及罚款、拘留等强制措施，由司法警察执行。

本指标参考该规定进行评估打分。

### 3.2　庭审礼仪

相关规范如下：《中华人民共和国法官法》《中华人民共和国公务员法》和《法官行为规范》（法发〔2010〕54号）、《中华人民共和国人民法院法庭规则》（法释

〔2016〕7号)、《最高人民法院办公厅关于进一步加强法庭审判秩序管理的通知》(法办〔2009〕600号)。

本指标主要规范对象为法官及书记员。根据上述规范性文件的规定,对法院及书记员的礼仪要求总结如下:(一)准时出庭,不迟到,不早退,不缺席;(二)在进入法庭前必须更换好法官服或者法袍,并保持整洁和庄重,严禁着便装出庭;合议庭成员出庭的着装应当保持统一;(三)不得与诉讼各方随意打招呼,不得与一方有特别亲密的言行;(四)严禁酒后出庭;(五)坐姿端正,杜绝各种不雅动作;(六)集中精力,专注庭审,不做与庭审活动无关的事;(七)不得在审判席上吸烟、闲聊或者打瞌睡,不得接打电话,不得随意离开审判席;(八)礼貌对待当事人及其他诉讼参与人;(九)不得与当事人及其他诉讼参与人争吵。

综上,审判人员及书记员如无违反礼仪要求,这里的礼仪要求不包括违反按时连续地出席庭审情形(如迟到、早退和中途离开等情形),得满分。一人次违反一项扣相应分值,扣完为止。根据全部抽查情况计算平均分。

### 3.3　出席情况

根据《中华人民共和国法官法》第五条:法官的职责:(一)依法参加合议庭审判或者独任审判案件;

（二）法律规定的其他职责。根据《法官行为规范》（法发〔2010〕54号）第二十九条规定：出庭时注意事项（一）准时出庭，不迟到，不早退，不缺席。

审判人员按时出席且连续审理案件，得满分。一人有迟到、早退、离席任一情形的，不得分。

## 3.4 个人信息依法保护

根据《最高人民法院关于人民法院直播录播庭审活动的规定》第三条的规定，人民法院进行庭审直播、录播，应当严格按照法律规定的公开范围进行，涉及未成年人、被害人或者证人保护等问题，以及其他不宜公开的内容的，应当进行相应的技术处理。根据相关技术情况，对相应人员的面部特征、生理特征进行技术保护处理即可。

由课题组通过抽查案件进行评估，如有涉及证人、未成年人等需要保护的出庭人员案件，且案件直播视频采取了技术保护措施（如声音和图像处理）的，经课题组抽查审核，以案件直播是否符合个人信息保护规范情况进行评分。

## 4.1 板块建设

《最高人民法院关于加快建设智慧法院的意见》（法发〔2017〕12号 2017年4月12日）规定了"提升司法公开工作水平"的相关措施。包括：充分运用互联网技术，完善司法公开四大平台建设，助推司法公开工作，促进实现审判执行全要素依法公开；推动司法公开信息全面汇总、深度关联、便捷查询，提升司法信息公开水平和服务能力；继续推进庭审公开，通过互联网多渠道公开庭审过程，让遍布各地的更多人群"走进"法庭，切实感受阳光司法的不断进步；进一步加强互联网监督投诉平台建设和推广应用，强化社会公众对人民法院各项工作的全面监督作用。

法院在其官方网站设置连接中国庭审公开网的链接板块且链接有效的即可得满分。

4.2　员额法官人均直播案件数

根据《最高人民法院关于加快建设智慧法院的意见》（法发〔2017〕12号　2017年4月12日）的规定，以及最高院相关通告规定，员额法官人均直播数达到同一层级被评估法院平均数的不同梯度按比例计算得分。

4.3　庭审公开组织工作

具体依据同第25页"1.10本级法院直播案件观看量排名。"

综上，本项指标评分规则为本院直播案件总数在同一层级被评估法院平均数的不同梯度按比例计算得分。

# 第三章　庭审公开评估结果

## 一　参评法院总体情况

### （一）参评法院概况

完成评估指标体系设置后，实施评估的另一个重要问题就是评估对象的确定问题。为了更好地选取被评估法院，从而科学、客观、全面地评估人民法院2018年庭审公开工作情况，经与最高人民法院相关部门反复研究和商讨，最终决定在最高人民法院对全国法院的情况进行整体把握的基础上，兼顾评估相关数据的可获取性、法院地域覆盖的全面性以及法院层级的代表性，确定被评估法院名单抽取方法如下：

第一，最高院不纳入本次考核。第二，高级人民法院（以下简称为"高院"或"高级法院"）层面包括31个省（自治区、直辖市）的高院，含兵团分院在内共 32 家。第三，中级人民法院（以下简称"中院"或"中级法院"）和基层人民法院（以下简称"基层法院"或"基层院"）层面，每省（自治区、直辖市及新疆生产建设兵团）分别选取结案数最多的中院和基层院各一家，共 64 家；每省（自治区、直辖市及新疆生产建设兵团）选取结案排名居于 1/2 位置的中院和基层院各一家，共 64 家；每省（自治区、直辖市及新疆生产建设兵团）选取结案排名居于 2/3 位置的中院和基层院各一家，共 64 家。就全国情况来看，每个省（自治区、直辖市）法院系统均有 1 家高院、3 家中院和 3 家基层法院共 7 家人民法院参与评估，连同新疆高院兵团分院系统的 7 家法院在内，全国共有 224 家法院作为本次庭审公开第三方评估的评估对象参与评估。

该抽取样本在高院层面能反映全国整体情况，中院和基层法院由于选取方案与结案量有关，因此具有代表性。最高院审判管理办公室协调各地数据，最终根据上述方案选取出 224 家法院，法院名单如表 3-1 所示。

表 3 - 1 2018 年庭审公开第三方评估抽取法院名单

| 地区 | 高级人民法院 | 中级人民法院（结案量处于 1/2 位置） | 中级人民法院（结案量处于 2/3 位置） | 中级人民法院（结案量处于 2/3 位置） | 基层人民法院（结案量最多） | 基层人民法院（结案量处于 1/2 位置） | 基层人民法院（结案量处于 2/3 位置） |
|---|---|---|---|---|---|---|---|
| 北京 | 北京市高级人民法院 | 北京市第三中级人民法院 | 北京市第一中级人民法院 | 北京市知识产权法院 | 北京市朝阳区人民法院 | 北京市东城区人民法院 | 北京市密云区人民法院 |
| 天津 | 天津市高级人民法院 | 天津市第二中级人民法院 | 天津市第一中级人民法院 | 天津市海事法院 | 天津市滨海新区人民法院 | 天津市西青区人民法院 | 天津市宝坻区人民法院 |
| 河北 | 河北省高级人民法院 | 河北省唐山市中级人民法院 | 河北省廊坊市中级人民法院 | 河北省邢台市中级人民法院 | 秦皇岛市海港区人民法院 | 邢台市清河县人民法院 | 邢台市南河县人民法院 |
| 山西 | 山西省高级人民法院 | 山西省太原市中级人民法院 | 山西省朔州市中级人民法院 | 山西省吕梁市中级人民法院 | 太原市小店区人民法院 | 长治市上党区人民法院 | 临汾市乡宁县人民法院 |
| 内蒙古 | 内蒙古自治区高级人民法院 | 内蒙古自治区赤峰市中级人民法院 | 内蒙古自治区兴安盟中级人民法院 | 内蒙古自治区巴彦淖尔市中级人民法院 | 赤峰市阿鲁科尔沁旗人民法院 | 鄂尔多斯市鄂托克前旗人民法院 | 包头市固阳县人民法院 |
| 辽宁 | 辽宁省高级人民法院 | 辽宁省沈阳市中级人民法院 | 辽宁省辽阳市中级人民法院 | 辽宁省葫芦岛市中级人民法院 | 沈阳市沈河区人民法院 | 鞍山市台安县人民法院 | 锦州市北镇市人民法院 |

续表

| 地区 | 高级人民法院 | 中级人民法院（结案量处于1/2位置） | 中级人民法院（结案量处于2/3位置） | 基层人民法院（结案量最多） | 基层人民法院（结案量处于1/2位置） | 基层人民法院（结案量处于2/3位置） |
|---|---|---|---|---|---|---|
| 吉林 | 吉林省高级人民法院 | 吉林省长春市中级人民法院 | 吉林省通化市中级人民法院 | 吉林省白山市中级人民法院 | 延边朝鲜族自治州延吉市人民法院 | 吉林市龙潭区人民法院 | 辽源市东辽县人民法院 |
| 黑龙江 | 黑龙江省高级人民法院 | 黑龙江省哈尔滨市中级人民法院 | 黑龙江省双鸭山市中级人民法院 | 黑龙江省黑河市中级人民法院 | 哈尔滨市南岗区人民法院 | 牡丹江市海林市人民法院 | 七台河市茄子河区人民法院 |
| 上海 | 上海市高级人民法院 | 上海市第一中级人民法院 | 上海知识产权法院 | 上海市第三中级人民法院 | 上海市浦东新区人民法院 | 上海市杨浦区人民法院 | 上海市黄浦区人民法院 |
| 江苏 | 江苏省高级人民法院 | 江苏省南京市中级人民法院 | 江苏省镇江市中级人民法院 | 江苏省连云港市中级人民法院 | 宿迁市沭阳县人民法院 | 扬州市宝应县人民法院 | 盐城市盐都区人民法院 |
| 浙江 | 浙江省高级人民法院 | 浙江省杭州市中级人民法院 | 浙江省台州市中级人民法院 | 浙江省湖州市中级人民法院 | 金华市义乌市人民法院 | 台州市天台县人民法院 | 湖州市德清县人民法院 |
| 安徽 | 安徽省高级人民法院 | 安徽省合肥市中级人民法院 | 安徽省芜湖市中级人民法院 | 安徽省淮南市中级人民法院 | 合肥市包河区人民法院 | 安庆市宜秀区人民法院 | 阜阳市界首市人民法院 |

续表

| 地区 | 高级人民法院 | 中级人民法院（结案量处于1/2位置） | 中级人民法院（结案量处于2/3位置） | 基层人民法院（结案量最多） | 基层人民法院（结案量处于1/2位置） | 基层人民法院（结案量处于2/3位置） |
|---|---|---|---|---|---|---|
| 福建 | 福建省高级人民法院 | 福建省福州市中级人民法院 | 福建省漳州市中级人民法院 | 泉州市晋江市人民法院 | 龙岩市上杭县人民法院 | 漳州市平和县人民法院 |
| 江西 | 江西省高级人民法院 | 江西省南昌市中级人民法院 | 江西省九江市中级人民法院 | 南昌市东湖区人民法院 | 赣州市石城县人民法院 | 南昌经济技术开发区人民法院 |
| 山东 | 山东省高级人民法院 | 山东省济南市中级人民法院 | 山东省泰安市中级人民法院 | 临沂市兰山区人民法院 | 菏泽市单县人民法院 | 菏泽市鄄城县人民法院 |
| 河南 | 河南省高级人民法院 | 河南省郑州市中级人民法院 | 河南省驻马店市中级人民法院 | 郑州市金水区人民法院 | 洛阳市偃师市人民法院 | 濮阳市范县人民法院 |
| 湖北 | 湖北省高级人民法院 | 湖北省武汉市中级人民法院 | 湖北省恩施土家族苗族自治州中级人民法院 | 武汉市武昌区人民法院 | 十堰市竹山县人民法院 | 十堰市房县人民法院 |
| 湖南 | 湖南省高级人民法院 | 湖南省长沙市中级人民法院 | 湖南省张家界市中级人民法院 | 株洲市攸县人民法院 | 郴州市永兴县人民法院 | 湘西土家族苗族自治州龙山县人民法院 |

续表

| 地区 | 高级人民法院 | 中级人民法院（结案量处于1/2位置） | 中级人民法院（结案量处于2/3位置） | 中级人民法院（结案量处于2/3位置） | 基层人民法院（结案量最多） | 基层人民法院（结案量处于1/2位置） | 基层人民法院（结案量处于2/3位置） |
|---|---|---|---|---|---|---|---|
| 广东 | 广东省高级人民法院 | 广东省广州市中级人民法院 | 广东省肇庆市中级人民法院 | 广州铁路运输中级法院 | 深圳市福田区人民法院 | 清远市佛冈县人民法院 | 湛江市雷州市人民法院 |
| 广西 | 广西壮族自治区高级人民法院 | 广西壮族自治区南宁市中级人民法院 | 广西壮族自治区河池市中级人民法院 | 广西壮族自治区贺州市中级人民法院 | 南宁市青秀区人民法院 | 百色市田东县人民法院 | 桂林市秀峰区人民法院 |
| 海南 | 海南省高级人民法院 | 海南省海口市中级人民法院 | 海南省三亚市中级人民法院 | 海口海事法院 | 海口市龙华区人民法院 | 万宁市人民法院 | 临高县人民法院 |
| 重庆 | 重庆市高级人民法院 | 重庆市第五中级人民法院 | 重庆市第一中级人民法院 | 重庆市第三中级人民法院 | 重庆市渝北区人民法院 | 重庆市璧山区人民法院 | 重庆市大渡口区人民法院 |
| 四川 | 四川省高级人民法院 | 四川省成都市中级人民法院 | 四川省达州市中级人民法院 | 四川省自贡市中级人民法院 | 成都高新技术产业开发区人民法院 | 德阳市什邡市人民法院 | 宜宾市屏山县人民法院 |
| 贵州 | 贵州省高级人民法院 | 贵州省贵阳市中级人民法院 | 贵州省黔东南苗族侗族自治州中级人民法院 | 贵州省黔西南布依族苗族自治州中级人民法院 | 贵州省南明区人民法院 | 遵义市余庆县人民法院 | 铜仁市石阡县人民法院 |

续表

| 地区 | 高级人民法院 | 中级人民法院（结案量处于1/2位置） | 中级人民法院（结案量处于2/3位置） | 中级人民法院（结案量处于2/3位置） | 基层人民法院（结案量最多） | 基层人民法院（结案量处于1/2位置） | 基层人民法院（结案量处于2/3位置） |
|---|---|---|---|---|---|---|---|
| 云南 | 云南省高级人民法院 | 云南省昆明市中级人民法院 | 云南省大理白族自治州中级人民法院 | 云南省西双版纳傣族自治州中级人民法院 | 昆明市五华区人民法院 | 昆明市富民县人民法院 | 怒江傈僳族自治州泸水市人民法院 |
| 西藏 | 西藏自治区高级人民法院 | 西藏自治区拉萨市中级人民法院 | 西藏自治区昌都市中级人民法院 | 西藏自治区山南市中级人民法院 | 拉萨市城关区人民法院 | 林芝市朗县人民法院 | 山南市错那县人民法院 |
| 陕西 | 陕西省高级人民法院 | 陕西省西安市中级人民法院 | 陕西省宝鸡市中级人民法院 | 西安铁路运输中级法院 | 西安市雁塔区人民法院 | 宝鸡市扶风县人民法院 | 汉中市宁强县人民法院 |
| 甘肃 | 甘肃省高级人民法院 | 甘肃省兰州市中级人民法院 | 甘肃省张掖市中级人民法院 | 甘肃省临夏回族自治州中级人民法院 | 武威市凉州区人民法院 | 临夏回族自治州临夏市法院 | 天水市武山县人民法院 |
| 青海 | 青海省高级人民法院 | 青海省西宁市中级人民法院 | 青海省海北藏族自治州中级人民法院 | 青海省黄南藏族自治州中级人民法院 | 西宁市城北区人民法院 | 海南藏族自治州贵南县人民法院 | 黄南藏族自治州泽库县人民法院 |

续表

| 地区 | 高级人民法院 | 中级人民法院（结案量处于1/2位置） | 中级人民法院（结案量处于2/3位置） | 中级人民法院（结案量处于2/3位置） | 基层人民法院（结案量最多） | 基层人民法院（结案量处于1/2位置） | 基层人民法院（结案量处于2/3位置） |
|---|---|---|---|---|---|---|---|
| 宁夏 | 宁夏回族自治区高级人民法院 | 宁夏回族自治区银川市中级人民法院 | 宁夏回族自治区吴忠市中级人民法院 | 宁夏回族自治区固原市中级人民法院 | 银川市兴庆区人民法院 | 中卫市中宁县人民法院 | 吴忠市同心县人民法院 |
| 新疆 | 新疆维吾尔自治区高级人民法院 | 新疆维吾尔自治区乌鲁木齐市中级人民法院 | 新疆维吾尔自治区和田地区中级人民法院 | 新疆维吾尔自治区哈密市中级人民法院 | 乌鲁木齐市新市区人民法院 | 阿勒泰地区福海县人民法院 | 和田地区皮山县人民法院 |
| 兵团 | 新疆维吾尔自治区高级人民法院生产建设兵团分院 | 新疆生产建设兵团第一师中级人民法院 | 新疆生产建设兵团第七师中级人民法院 | 新疆生产建设兵团第十三师中级人民法院 | 新疆生产建设兵团五家渠垦区人民法院 | 新疆生产建设兵团车排子垦区人民法院 | 新疆生产建设兵团伊宁垦区人民法院 |

## （二）全国庭审公开进展

### 1. 接入中国庭审公开网情况

由图 3-1 可知，在 2016 年 9 月 27 日，也即中国庭审公开网开通之时，全国接入法院仅有 383 家，占比为 10.89%；到 2018 年 2 月 11 日，全国 3517 家法院已全部接入。中国庭审公开网从上线时的 10.89% 接入率到全国法院 100% 接入，仅仅用了 502 天；其中仅 2017 年 1 年就有 2170 家法院接入，使接入率从 32.56% 增至 94.26%。

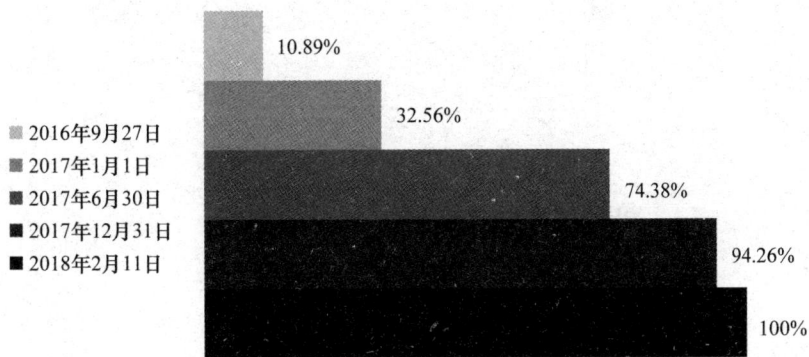

图 3-1　接入中国庭审公开网情况

### 2. 接入法院开展庭审视频直播情况

截至 2018 年 12 月 31 日，在中国庭审公开网上有直播案件的法院在该层级法院占比情况如图 3-2 所示，高院有 31 家接通并直播庭审，占比为 96.88%；全国中院有 398 家接入并直播庭审，占比为 95.90%；

而基层法院有 2843 家接通并直播庭审，占比为92.64%。总体来说，在全国范围内，接入并进行直播的法院都在90%以上，但是庭审公开工作仍需要继续推进，争取全国所有法院都进行庭审直播。

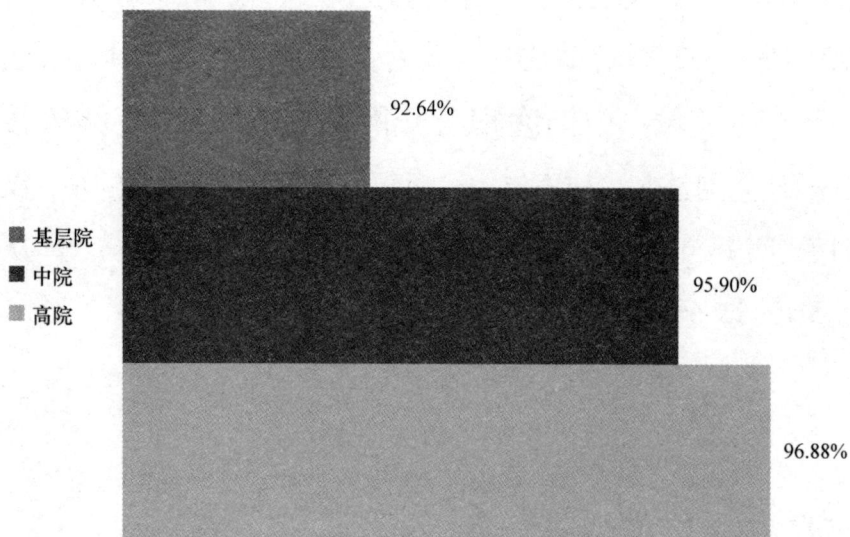

图 3 - 2　接入法院开展庭审视频直播情况

### 3. 2018 年庭审公开案件情况

庭审直播案件数量能直观评价庭审公开工作，课题组重点关注 2018 年各层级法院直播案件数量处于前十位的法院，以此观察庭审公开工作较积极的法院，也为其他法院提供参考。当然，直播案件数量除了与庭审公开工作有关，也跟法院的结案量有关，但是部分法院的受案量不大，所以课题组在进行具体评估时也会考虑直播案件数和结案量的比例。

表 3 - 2          2018 年庭审公开直播案件数前十的高级

人民法院及其案件量

| 序号 | 法院名称 | 庭审公开数量 |
|---|---|---|
| 1 | 山西省高级人民法院 | 1401 |
| 2 | 浙江省高级人民法院 | 774 |
| 3 | 江西省高级人民法院 | 750 |
| 4 | 山东省高级人民法院 | 744 |
| 5 | 安徽省高级人民法院 | 690 |
| 6 | 河北省高级人民法院 | 672 |
| 7 | 云南省高级人民法院 | 640 |
| 8 | 江苏省高级人民法院 | 587 |
| 9 | 青海省高级人民法院 | 501 |
| 10 | 辽宁省高级人民法院 | 443 |

表 3 - 3          2018 年庭审公开直播案件数前十的中级

人民法院及其案件量

| 序号 | 省份 | 法院名称 | 案件数量 |
|---|---|---|---|
| 1 | 广东省 | 广州市中级人民法院 | 12217 |
| 2 | 广东省 | 深圳市中级人民法院 | 5310 |
| 3 | 云南省 | 昆明市中级人民法院 | 4485 |
| 4 | 江苏省 | 南京市中级人民法院 | 2843 |
| 5 | 安徽省 | 亳州市中级人民法院 | 2732 |
| 6 | 山西省 | 大同市中级人民法院 | 2637 |
| 7 | 山西省 | 长治市中级人民法院 | 2089 |
| 8 | 山西省 | 晋中市中级人民法院 | 2030 |
| 9 | 浙江省 | 杭州市中级人民法院 | 1975 |
| 10 | 河南省 | 驻马店市中级人民法院 | 1733 |

表 3 - 4　　　　　　　2018 年庭审公开直播案件数量前十的
基层人民法院及其案件量

| 序号 | 省份 | 法院名称 | 案件数量 |
|---|---|---|---|
| 1 | 江苏省 | 兴化市人民法院 | 15949 |
| 2 | 江苏省 | 江阴市人民法院 | 15077 |
| 3 | 江苏省 | 宜兴市人民法院 | 14076 |
| 4 | 江苏省 | 泰州市海陵区人民法院 | 13859 |
| 5 | 湖北省 | 武汉市江汉区人民法院 | 13698 |
| 6 | 江苏省 | 靖江市人民法院 | 12032 |
| 7 | 江苏省 | 扬州市邗江区人民法院 | 11444 |
| 8 | 江苏省 | 泰州市姜堰区人民法院 | 11332 |
| 9 | 浙江省 | 慈溪市人民法院 | 10853 |
| 10 | 江苏省 | 扬州市江都区人民法院 | 10468 |

从表 3 - 2 至表 3 - 4 的 3 组数据可以分别计算出它们的标准差，标准差能反映一个数据集的离散程度。在各层级法院直播案件量排名前十的法院中，高院层级的标准差是 262.5，中院层级的标准差是 3173.98，基层法院层级的标准差是 1897.59。高院层级法院的直播案件数量差距最小，中院层级法院的直播数量差距最大，基层法院层级的差距处于中间。这说明直播案件数量较多的高院都较为重视推动庭审公开工作，因此差距较小；而直播案件较多的中院之间存在巨大差异，一方面与各法院的结案量有关，另一方面也与法院对庭审公开工作的重视程度有关。

值得注意的是，基层法院前十名的法院中，江苏省占了8个，与2017年的情况一样。这说明江苏省不仅比较重视庭审公开工作，而且能持续推动这一工作的进行。这一数据呈现的结果也与课题组在江苏高院调研的结果一致，江苏高院在庭审公开方面走在全国前列，后文的数据分析也能支持这一判断。

4. 庭审公开案件观看量

庭审案件直播观看量反映了热点案件在社会中的关注度和影响力。热点案件能引起社会的关注和讨论，反映庭审直播是公众关注中国司法运作的一个途径。庭审直播可以增加民众对司法的了解和认知，在社会中渐有影响力。我们关注了各层级法院的庭审直播观看量前十名的案件，每个案件包括的信息有法院、案号、案件类型、开庭时间和观看量等，以此分析2018年公众对什么类型的案件感兴趣、哪些法院直播的案件关注度比较高。

在高院方面，排名前十的庭审直播案件最低也有超过38万次的观看量，其中排名前三的直播观看量都在100万次以上，最受关注的直播案件的观看量高达752万次。这10个庭审直播案件的平均观看量为1692838次。而在2017年的统计中，高院层级只有一个庭审直播案件的观看量超过100万次，其他案件的观看量甚至没有超过30万次，最受关注的案件仅为133万次。前十名庭审直播案件的平均观看量仅为

276284次，较2018年低了142万次，[①] 这说明高院直播了公众感兴趣的案件，积极推广热点案件的直播，同时公众也更关注高院的庭审。但是高观看量是否还有其他原因仍需课题组实地调研后才能确定。

在中院中，排名前十的庭审直播案件都有超过100万次的观看量，最受关注的直播案件是合肥中院的行政案件，观看量高达764万次；前十名庭审直播案件的平均观看量为3518243次。而在2017年的统计中，观看量前十名的庭审直播案件有两个案件的观看量超过1000万次，其中最受关注的案件有1171万次，前十名庭审直播案件的平均观看量为4058808次，较2018年多54万次。[②] 2018年热点直播案件的观看量较2017年稍有下降，但是仍然保持着较高热度。

在基层法院层面，观看量排名前十的庭审直播案件则显示出较大落差，前两名的庭审直播案件观看量分别是509万次和272万次，但是第三名仅有38万次，前十名其他直播案件的观看量大致维持在10万次以上40万次以下，前十名庭审直播案件的平均观看量为982276次。而在2017年的统计中，观看量前十名

---

① 2017年的具体数据参见支振锋等《中国司法公开新媒体应用研究报告（2018）——人民法院庭审公开第三方评估》，中国社会科学出版社2018年版，第59页。

② 同上书，第60—61页。

表 3 - 5　2018 年高级人民法院庭审直播观看量前十名案件及观看量

| 排名 | 法院 | 案号 | 案件名称 | 案件类型 | 开庭时间 | 观看量（次） |
|---|---|---|---|---|---|---|
| 1 | 山西省高级人民法院 | （2018）晋行终204、207号 | 房屋行政征收 | 行政 | 2018/10/25 9：00 | 7522779 |
| 2 | 黑龙江省高级人民法院 | （2018）黑民终278号 | 中粮集团有限公司与大庆旭生房地产开发有限公司侵害商标权纠纷一案 | 民事 | 2018/5/29 9：00 | 3829008 |
| 3 | 吉林省高级人民法院 | （2018）吉民申2414号 | 再审申请人李慧与被申请人吉林省有色金属地质勘查局、被申请人吉林省有色金属勘查局六○七队人事争议一案 | 民事 | 2018/8/1 10：08 | 1119208 |
| 4 | 江苏省高级人民法院 | （2018）苏刑更597号 | 非法携带枪支危及公共安全罪 | 刑事 | 2018/11/2 9：00 | 815949 |
| 5 | 湖南省高级人民法院 | （2018）湘民再449号 | 再审申请人中铁金桥世纪山水置业有限公司与被申请人向君商品房预售合同纠纷 | 民事 | 2018/10/16 8：30 | 805963 |
| 6 | 江苏省高级人民法院 | （2018）苏民终1208号 | 房屋租赁合同纠纷 | 民事 | 2018/10/30 14：15 | 742557 |

续表

| 排名 | 法院 | 案号 | 案件名称 | 案件类型 | 开庭时间 | 观看量（次） |
|---|---|---|---|---|---|---|
| 7 | 四川省高级人民法院 | （2018）川民再551号 | 建设工程施工合同纠纷 | 民事 | 2018/8/17 15：00 | 605059 |
| 8 | 陕西省高级人民法院 | （2018）陕刑终243号 | 故意伤害 | 刑事 | 2018/12/20 9：30 | 601977 |
| 9 | 江苏省高级人民法院 | （2018）苏民终1388号 | 股权转让纠纷 | 民事 | 2018/12/6 9：15 | 504177 |
| 10 | 江苏省高级人民法院 | （2018）苏民终1135号 | 融资租赁合同纠纷 | 民事 | 2018/11/9 9：30 | 381704 |

表 3 - 6　2018 年中级人民法院庭审直播观看量前十名案件及观看量

| 排名 | 法院名称 | 案号 | 案件名称 | 案件类型 | 开庭时间 | 总观看量（次） |
|---|---|---|---|---|---|---|
| 1 | 合肥市中级人民法院 | （2018）皖01行初269号 | 房屋征收决定 | 行政 | 2018/10/24 9：00 | 7643409 |
| 2 | 太原市中级人民法院 | （2018）晋01刑终561号 | 敲诈勒索罪 | 刑事 | 2018/7/10 9：00 | 6556387 |
| 3 | 贺州市中级人民法院 | （2018）桂11刑初17号 | 钟月安故意杀人一案 | 刑事 | 2018/10/17 8：30 | 4935482 |
| 4 | 昆明市中级人民法院 | （2017）云01刑初876号 | 被告人赵海仙泊受贿罪一案 | 刑事 | 2018/4/17 9：40 | 3153853 |

续表

| 排名 | 法院名 | 案号 | 案件名称 | 案件类型 | 开庭时间 | 总观看量（次） |
|---|---|---|---|---|---|---|
| 5 | 芜湖市中级人民法院 | （2018）皖 02 刑终 362 号 | 制作、贩卖淫秽物品罪 | 刑事 | 2018/12/17 10：00 | 2635096 |
| 6 | 武汉市中级人民法院 | （2018）鄂 01 刑初 233 号 | 滥用职权罪 | 刑事 | 2018/10/26 9：00 | 2197056 |
| 7 | 合肥市中级人民法院 | （2018）皖 01 行赔初 11 号 | 行政赔偿 | 行政 | 2018/11/8 8：30 | 2142391 |
| 8 | 合肥市中级人民法院 | （2018）皖 01 行赔初 33 号 | 丁强明诉安徽省人民政府行政赔偿一案 | 行政 | 2018/11/8 11：30 | 2142355 |
| 9 | 合肥市中级人民法院 | （2018）皖 01 行赔初 32 号 | 蔡振华诉安徽省人民政府行政赔偿 | 行政 | 2018/11/8 11：45 | 2142355 |
| 10 | 武汉市中级人民法院 | （2018）鄂 01 刑初 157 号 | 诈骗 | 刑事 | 2018/10/23 9：00 | 1634047 |

表 3－7　2018 年基层人民法院庭审直播观看量前十名案件及观看量

| 排名 | 省份 | 法院 | 案号 | 案件名称 | 案件类型 | 开庭时间 | 观看量（次） |
|---|---|---|---|---|---|---|---|
| 1 | 青海省 | 贵南县人民法院 | （2018）青 2525 刑初 17 号 | 贪污罪、受贿罪 | 刑事 | 2018/11/15 14：00 | 5094051 |
| 2 | 青海省 | 西宁市城北区人民法院 | （2018）青 0105 刑初 74 号 | 受贿、行贿 | 刑事 | 2018/3/22 10：00 | 2716104 |

续表

| 排名 | 省份 | 法院 | 案号 | 案件名称 | 案件类型 | 开庭时间 | 观看量（次） |
|---|---|---|---|---|---|---|---|
| 3 | 广西壮族自治区 | 桂林市秀峰区人民法院 | （2018）桂 0302 民初 738 号 | 侵权责任纠纷一案 | 民事 | 2018/9/12 9：00 | 383956 |
| 4 | 海南省 | 海口市龙华区人民法院 | （2018）琼 0106 刑初 670 号 | 陈敏华职务侵占罪 | 刑事 | 2018/9/25 16：00 | 317380 |
| 5 | 四川省 | 屏山县人民法院 | （2018）15 刑初 16 号 | 彭美春等人寻衅滋事案 | 刑事 | 2018/12/10 9：30 | 291656 |
| 6 | 青海省 | 贵南县人民法院 | （2018）青 2525 民初 165 号 | 离婚 | 民事 | 2018/8/7 8：30 | 261774 |
| 7 | 浙江省 | 义乌市人民法院 | （2018）浙 0782 刑初 731 号 | 交通肇事罪 | 刑事 | 2018/4/13 15：09 | 232555 |
| 8 | 浙江省 | 义乌市人民法院 | （2018）浙 0782 刑初 689 号 | 交通肇事罪 | 刑事 | 2018/4/13 14：49 | 208496 |
| 9 | 青海省 | 贵南县人民法院 | （2017）青 2525 行初 2 号 | 其他纠纷 | 行政 | 2018/3/20 9：00 | 159561 |
| 10 | 上海市 | 上海市黄浦区人民法院 | （2018）沪 0101 民初 15255 号 | 金融借款合同纠纷 | 民事 | 2018/10/18 8：45 | 157232 |

的庭审直播案件全部超过 100 万次，其中最受关注的案件有 1055 万次，而前十名庭审直播案件的平均观看量为 2848748 次，较 2018 年多了 187 万次。① 说明在 2018 年，基层法院热点案件的热度与 2017 年相比有下降趋势。总体而言，2017 年三个层级法院观看量前十名案件的总观看量为 7183840 次，而 2018 年为 6193357 次。结合上述数据，我们可以看到，除了公众对法院热点案件的关注度有所下降外，其实有部分热点案件的关注度从中院和基层院流向了高院。

就案件类型而言，2018 年不同层级法院直播案件观看量前十名的 30 个案件中，刑事案件有 14 件，民事案件有 10 件，行政案件有 6 件。而 2017 年的 30 个案件中，有 24 个刑事案件，5 个民事案件，1 个行政案件，而且中院和基层院的观看量前十名案件均为刑事案件。这一变化也说明法院开始推广民事和行政案件庭审直播，公众的关注度也从刑事案件转向与自身生活关系更为密切的民事和行政案件上。

## 二　不同层级法院评估结果分析

课题组根据本次评估的指标体系对 224 家法院进

---

① 2017 年的具体数据参见支振锋、叶子豪等《中国司法公开新媒体应用研究报告（2018）——人民法院庭审公开第三方评估》，中国社会科学出版社 2018 年版，第 61—62 页。

行评分，得出每家法院的具体得分，以此观察每家法院在庭审公开工作上的表现。由于 224 家法院涵盖三个层级，不同层级的法院难以进行直接比较和分析，因此本书以法院层级为单位，描述和分析各层级法院的评估结果。分析每一层级的法院都包含对该层级法院总分的分析以及对这些法院一级指标得分情况的分析，从而以最直观的分数来展示各层级法院的庭审公开工作有哪些值得推广和改进的地方。

### （一）高院的评估结果

高院在中国四级法院系统中的地位仅次于最高院，在本辖区内是中院和基层院的上级法院。高院一方面有传达、落实最高院规范性要求的功能；另一方面也指导本辖区各法院的工作，推动具体工作的实施。高院在庭审公开工作的表现直接影响下级法院的庭审公开工作，表现较好的法院也能激励下级法院大力开展庭审工作，不断提升辖区内法院的司法透明度，提高司法文明水平。

1. 高院得分与排名情况

受评高院的平均分为 57.63 分，达到平均分及以上的法院有 18 家，14 家法院低于平均分。

由表 3 - 8 可知，表现较好的高院中，前三名分别是江苏高院、山西高院和云南高院，山西高院从 2017

年的第五名跃升为 2018 年的第二名，江苏高院和云南高院则牢牢占据前三的宝座。值得注意的是，在排名前十的高院中，江西高院、河北高院首次跻身前十，在庭审公开工作方面有所进步。这说明在高院这一层级里，2017 年表现较好的法院在 2018 年总体上保持稳定水平，也有法院在 2018 年加快推进庭审公开工作，呈现出稳中向好的发展局面。而新疆兵团分院和新疆高院表现较差，但考虑到新疆地区在服务大局方面有其他任务，所以新疆地区的法院在庭审公开工作上的表现是可以理解的。

表 3 - 8　2018 年度"人民法院庭审公开第三方评估"高院得分情况（单位：分）

| 排名 | 法院名称 | 1. 庭审直播效果（35 分） | 2. 直播案件数量与类型（38 分） | 3. 直播案件庭审组织（15 分） | 4. 庭审公开组织工作与平台建设（12 分） | 总分 |
|---|---|---|---|---|---|---|
| 1 | 江苏省高级人民法院 | 28.65 | 31.5 | 15 | 6 | 81.15 |
| 2 | 山西省高级人民法院 | 28.35 | 34.5 | 10.4 | 7 | 80.25 |
| 3 | 云南省高级人民法院 | 27.75 | 31.5 | 10 | 10 | 79.25 |
| 4 | 浙江省高级人民法院 | 24.7 | 31.5 | 14 | 9 | 79.2 |
| 5 | 江西省高级人民法院 | 22.35 | 33.5 | 13.3 | 10 | 79.15 |
| 6 | 青海省高级人民法院 | 24.6 | 33.5 | 14 | 7 | 79.1 |

续表

| 排名 | 法院名称 | 1. 庭审直播效果（35分） | 2. 直播案件数量与类型（38分） | 3. 直播案件庭审组织（15分） | 4. 庭审公开组织工作与平台建设（12分） | 总分 |
|---|---|---|---|---|---|---|
| 7 | 安徽省高级人民法院 | 22.9 | 33.5 | 12.2 | 6 | 74.6 |
| 8 | 吉林省高级人民法院 | 27.3 | 28.5 | 14 | 4 | 73.8 |
| 9 | 福建省高级人民法院 | 28.35 | 23.5 | 14 | 7 | 72.85 |
| 10 | 河北省高级人民法院 | 21.45 | 31.5 | 12.2 | 4 | 69.15 |
| 11 | 黑龙江省高级人民法院 | 27.8 | 26.5 | 9.4 | 5 | 68.7 |
| 12 | 甘肃省高级人民法院 | 22.2 | 26.5 | 12.8 | 7 | 68.5 |
| 13 | 陕西省高级人民法院 | 23.95 | 22.5 | 12.2 | 6 | 64.65 |
| 14 | 河南省高级人民法院 | 26.95 | 17.5 | 14 | 6 | 64.45 |
| 15 | 辽宁省高级人民法院 | 17.9 | 26.5 | 10.8 | 6 | 61.2 |

## 2. 庭审直播效果

庭审直播效果这一指标从观众的角度评估受评法院直播的案件，这项指标包括10个二级指标，即分别从案件名称、案号、案由、基本案情、审判组织成员、诉讼参与人画面展示情况、画面质量、播出音效、直播完整度、本级法院直播案件观看量排名综合评价一个庭审案件的直播效果，共35分。高院在本指标的平均分是 19.08 分，有 18 个法院得分超过平均分。

表3－9　　　　　　　部分高院庭审直播效果得分情况　　　　（单位：分）

| 排名 | 法院名称 | 庭审直播效果（35 分） |
|------|---------|----------------------|
| 1 | 江苏省高级人民法院 | 28.65 |
| 2 | 山西省高级人民法院 | 28.35 |
| 3 | 福建省高级人民法院 | 28.35 |
| 4 | 黑龙江省高级人民法院 | 27.8 |
| 5 | 云南省高级人民法院 | 27.75 |
| 6 | 广东省高级人民法院 | 27.6 |
| 7 | 吉林省高级人民法院 | 27.3 |
| 8 | 河南省高级人民法院 | 26.95 |
| 9 | 四川省高级人民法院 | 24.75 |
| 10 | 浙江省高级人民法院 | 24.7 |
| ⋮ | ⋮ | ⋮ |
| 28 | 北京市高级人民法院 | 9.35 |
| 29 | 上海市高级人民法院 | 9.25 |
| 30 | 海南省高级人民法院 | 6.05 |
| 31 | 新疆维吾尔自治区高级人民法院生产建设兵团分院 | 3.4 |
| 32 | 新疆维吾尔自治区高级人民法院 | 0 |

在"庭审直播效果"中表现较好的 10 个高院和表现较差的 5 个高院中，江苏、山西、福建三个省高院占据前三名，黑龙江高院、云南高院、广东高院和吉林高院紧追其后。值得注意的是，庭审直播效果较好的 10 个高院中，有 6 个在总分中也排名前十，其中江苏和山西两个高院在总分排名中分列第一、二位。而

表现较差的法院中，除了新疆的两个高院外，北京高院、上海高院、海南高院的得分居然只有个位数，说明这些法院的庭审直播效果没有在便利普通公众的角度达到预期目的，还需要继续加强这方面的工作建设。

3. 直播案件数量与类型

直播案件数量与类型指标用于评估庭审公开的案件数量与案件类型的情况，包含 5 个二级指标：案件总数、直播比例、案件类型比例、直播常态化、本级法院直播案件量排名，满分是 38 分。高院在本指标的平均得分是 20.97 分，有 18 个法院得分超过平均分。

表 3 - 10　　　　　部分高院直播案件数量与类型得分情况　　　　（单位：分）

| 排名 | 法院名称 | 直播案件数量与类型（38 分） |
|------|----------|------------------------------|
| 1 | 山西省高级人民法院 | 34.5 |
| 2 | 青海省高级人民法院 | 33.5 |
| 3 | 安徽省高级人民法院 | 33.5 |
| 4 | 江西省高级人民法院 | 33.5 |
| 5 | 江苏省高级人民法院 | 31.5 |
| 6 | 云南省高级人民法院 | 31.5 |
| 7 | 浙江省高级人民法院 | 31.5 |
| 8 | 河北省高级人民法院 | 31.5 |
| 9 | 山东省高级人民法院 | 31.5 |
| 10 | 吉林省高级人民法院 | 28.5 |
| ⋮ | ⋮ | ⋮ |
| 28 | 北京市高级人民法院 | 10 |

续表

| 排名 | 法院名称 | 直播案件数量与类型（38分） |
|:---:|:---:|:---:|
| 29 | 四川省高级人民法院 | 8.5 |
| 30 | 湖北省高级人民法院 | 8.5 |
| 31 | 上海市高级人民法院 | 6.5 |
| 32 | 新疆维吾尔自治区<br>高级人民法院 | 5 |

表3-10列出的是一级指标"直播案件数量与类型"中表现较好的10个高院和表现较差的5个高院，其中山西高院在本项得分中排名第一，青海和安徽两个省高院分列第二、三位。在本项一级指标中表现较好的10个高院中，有9个在总分排名中位居前十，说明作为权重最大的一级指标，直播案件数量与类型的表现对于总分有着非常重要的影响。而得分较差的法院中，北京高院和上海高院同样位列其中，说明这2个高院在庭审公开的推进方面还有诸多不足，没有完全实现庭审公开常态化，在案件直播数量、直播比例等方面还有待推进。

4. 直播案件庭审组织

"直播案件庭审组织"用于评估庭审公开过程中法庭的秩序情况，包含4个二级指标，即庭审秩序、庭审礼仪、出席情况和个人信息依法保护，满分是15分。高院在本指标的平均分是9.95分，有17个法院得分超过平均分。

表 3-11　　　　　　部分高院直播案件庭审组织得分情况　　　　（单位：分）

| 排名 | 法院名称 | 直播案件庭审组织（15 分） |
|---|---|---|
| 1 | 江苏省高级人民法院 | 15 |
| 2 | 福建省高级人民法院 | 14 |
| 3 | 吉林省高级人民法院 | 14 |
| 4 | 河南省高级人民法院 | 14 |
| 5 | 浙江省高级人民法院 | 14 |
| 6 | 青海省高级人民法院 | 14 |
| 7 | 四川省高级人民法院 | 13.4 |
| 8 | 江西省高级人民法院 | 13.3 |
| 9 | 广东省高级人民法院 | 12.8 |
| 10 | 甘肃省高级人民法院 | 12.8 |
| ⋮ | ⋮ | ⋮ |
| 28 | 宁夏回族自治区高级人民法院 | 6.2 |
| 29 | 北京市高级人民法院 | 6.2 |
| 30 | 海南省高级人民法院 | 4 |
| 31 | 新疆维吾尔自治区高级人民法院生产建设兵团分院 | 3.8 |
| 32 | 新疆维吾尔自治区高级人民法院 | 0 |

表 3-11 列出的是一级指标"直播案件庭审组织"中表现较好的 10 个高院和得分较低的 5 个高院，其中江苏高院在本项指标中获得满分，排名第一。值得注意的是，排名前十的高院中，四川高院在前一个一级指标"直播案件数量与类型"中排在倒数第四，但是在本指标中排名第七，这说明四川高院虽然在庭审公

开工作的全面推进上稍微落后，但是在庭审案件直播方面却有较好的控制庭审过程能力。而在得分较差的法院中，北京高院再一次位列其中；倒数第三的海南高院不仅在该指标表现较差，在一级指标"庭审直播效果"表现也不佳，虽然案件量不足会影响本指标的得分，但是这些法院在庭审过程中的"控场"能力还需加强。

5. 庭审公开组织工作与平台建设

庭审公开组织工作指标用于评估法院组织、推进庭审公开的情况，包含 3 个二级指标，即板块建设、员额法官人均直播案件数、庭审公开组织工作，满分是 12 分。高院在本指标的平均分是 6.16 分，有 13 个法院得分超过平均分。

表 3 - 12　　　　部分高院庭审公开组织与平台建设得分情况　　　（单位：分）

| 排名 | 法院名称 | 庭审公开组织工作与平台建设（12 分） |
|---|---|---|
| 1 | 江西省高级人民法院 | 10 |
| 2 | 云南省高级人民法院 | 10 |
| 3 | 浙江省高级人民法院 | 9 |
| 4 | 四川省高级人民法院 | 8 |
| 5 | 广东省高级人民法院 | 8 |
| 6 | 湖南省高级人民法院 | 8 |
| 7 | 西藏自治区高级人民法院 | 8 |
| 8 | 贵州省高级人民法院 | 8 |

| 排名 | 法院名称 | 庭审公开组织工作与平台建设（12分） |
|---|---|---|
| 9 | 新疆维吾尔自治区高级人民法院 | 8 |
| 10 | 福建省高级人民法院 | 7 |
| ⋮ | ⋮ | ⋮ |
| 28 | 河北省高级人民法院 | 4 |
| 29 | 天津市高级人民法院 | 4 |
| 30 | 上海市高级人民法院 | 3 |
| 31 | 海南省高级人民法院 | 3 |
| 32 | 山东省高级人民法院 | 2 |

表3-12列出的是一级指标"庭审公开组织工作与平台建设"中表现较好的10个高院和表现较差的5个高院。除了前三名的江西高院、云南高院和浙江高院是表现较好的高院中的常客，排名第四到第十的高院中有不少陌生面孔，如四川、湖南、西藏、贵州和新疆5个高院，说明这些高院在组织庭审公开工作的全面推进上稍微落后，但是在庭审公开工作的组织方面却有较佳的表现。而得分较差的法院中，除了常客上海高院和海南高院，山东高院、天津高院和河北高院也属于陌生面孔。总体而言，高院"庭审公开组织与平台建设"这个指标上的表现说明，高院在该指标方面的表现不一定与其在庭审公开中的整体表现有必然联系。

## （二）中院的评估结果

中院有纠正、指导和监督基层院审判工作的职能，同时也保证上级法院的指示、精神在本院管辖区域内落实。在庭审公开方面，中院一方面落实上级高院的要求，另一方面也为辖区内基层院提供指导。

### 1. 中院得分与排名情况

表 3 – 13　　　　2018 年度"人民法院庭审公开第三方评估"中院得分情况　　　（单位：分）

| 排名 | 法院名称 | 1. 庭审直播效果（35 分） | 2. 直播案件数量与类型（38 分） | 3. 直播案件庭审组织（15 分） | 4. 庭审公开组织工作与平台建设（12 分） | 总分 |
|---|---|---|---|---|---|---|
| 1 | 广东省广州市中级人民法院 | 25.1 | 37 | 14 | 9 | 85.1 |
| 2 | 江苏省南京市中级人民法院 | 29 | 34.5 | 13 | 8 | 84.5 |
| 3 | 安徽省淮南市中级人民法院 | 24.7 | 33.5 | 13 | 11 | 82.2 |
| 4 | 河南省驻马店市中级人民法院 | 24.95 | 35.5 | 13.4 | 8 | 81.85 |
| 5 | 云南省昆明市中级人民法院 | 24.85 | 35 | 12.8 | 9 | 81.65 |
| 6 | 贵州省黔东南苗族侗族自治州中级人民法院 | 28.15 | 33.5 | 11 | 8 | 80.65 |

| 排名 | 法院名称 | 1. 庭审直播效果（35分） | 2. 直播案件数量与类型（38分） | 3. 直播案件庭审组织（15分） | 4. 庭审公开组织工作与平台建设（12分） | 总分 |
|---|---|---|---|---|---|---|
| 7 | 青海省西宁市中级人民法院 | 28.35 | 31.5 | 12 | 8 | 79.85 |
| 8 | 黑龙江省哈尔滨市中级人民法院 | 31.25 | 30.5 | 12 | 6 | 79.75 |
| 9 | 浙江省杭州市中级人民法院 | 26.4 | 34 | 11.4 | 8 | 79.8 |
| 10 | 安徽省合肥市中级人民法院 | 26.35 | 31 | 14 | 8 | 79.35 |
| 11 | 吉林省长春市中级人民法院 | 27.3 | 30.5 | 14 | 7 | 78.8 |
| 12 | 山西省太原市中级人民法院 | 28.3 | 32 | 10.7 | 8 | 79 |
| 13 | 四川省成都市中级人民法院 | 27.9 | 29.5 | 14 | 7 | 78.4 |
| 14 | 福建省宁德市中级人民法院 | 28.95 | 28.5 | 13.6 | 7 | 78.05 |
| 15 | 山西省朔州市中级人民法院 | 26.7 | 30.5 | 12.8 | 8 | 78 |
| 16 | 山西省吕梁市中级人民法院 | 26.8 | 28.5 | 12.3 | 10 | 77.6 |
| 17 | 甘肃省临夏回族自治州中级人民法院 | 26.4 | 29 | 14 | 8 | 77.4 |
| 18 | 云南省西双版纳傣族自治州中级人民法院 | 26 | 28.5 | 11.1 | 11 | 76.6 |
| 19 | 甘肃省兰州市中级人民法院 | 26.05 | 27.5 | 12.8 | 10 | 76.35 |

续表

| 排名 | 法院名称 | 1. 庭审直播效果（35 分） | 2. 直播案件数量与类型（38 分） | 3. 直播案件庭审组织（15 分） | 4. 庭审公开组织工作与平台建设（12 分） | 总分 |
|---|---|---|---|---|---|---|
| 20 | 江西省南昌市中级人民法院 | 24.35 | 31.5 | 12.4 | 8 | 76.25 |
| 21 | 四川省自贡市中级人民法院 | 25.7 | 28.5 | 14 | 8 | 76.2 |
| 22 | 浙江省台州市中级人民法院 | 26.05 | 29 | 14 | 7 | 76.05 |
| 23 | 贵州省黔西南布依族苗族自治州中级人民法院 | 27.95 | 23.5 | 14 | 10 | 75.45 |
| 24 | 安徽省芜湖市中级人民法院 | 25.5 | 28.5 | 14 | 7 | 75 |
| 25 | 甘肃省张掖市中级人民法院 | 22.25 | 30.5 | 13.8 | 8 | 74.55 |
| 26 | 江苏省镇江市中级人民法院 | 26.55 | 27.5 | 13.4 | 7 | 74.45 |
| 27 | 天津市第一中级人民法院 | 26.05 | 24.5 | 14 | 9 | 73.55 |
| 28 | 河南省郑州市中级人民法院 | 25.6 | 27.5 | 13.4 | 7 | 73.5 |
| 29 | 广西壮族自治区贺州市中级人民法院 | 26.4 | 28.5 | 11.2 | 7 | 73.1 |
| 30 | 辽宁省沈阳市中级人民法院 | 23.1 | 27.5 | 12 | 10 | 72.6 |
| 31 | 湖北省武汉市中级人民法院 | 22.65 | 31 | 12 | 7 | 72.65 |
| 32 | 海南省海口市中级人民法院 | 26.1 | 26 | 11.8 | 7 | 70.9 |

续表

| 排名 | 法院名称 | 1. 庭审直播效果（35 分） | 2. 直播案件数量与类型（38 分） | 3. 直播案件庭审组织（15 分） | 4. 庭审公开组织工作与平台建设（12 分） | 总分 |
|---|---|---|---|---|---|---|
| 33 | 广西壮族自治区南宁市中级人民法院 | 26.35 | 26.5 | 11.2 | 6 | 70.05 |
| 34 | 江苏省连云港市中级人民法院 | 23.55 | 25.5 | 12.2 | 7 | 68.25 |
| 35 | 宁夏回族自治区吴忠市中级人民法院 | 24.55 | 23.5 | 12.8 | 7 | 67.85 |
| 36 | 广西壮族自治区河池市中级人民法院 | 23.05 | 28.5 | 9.2 | 7 | 67.75 |
| 37 | 青海省黄南藏族自治州中级人民法院 | 25.15 | 23.5 | 12.8 | 6 | 67.45 |
| 38 | 天津市第二中级人民法院 | 23.95 | 23.5 | 14 | 6 | 67.45 |
| 39 | 吉林省通化市中级人民法院 | 25.85 | 20.5 | 14 | 7 | 67.35 |
| 40 | 湖南省郴州市中级人民法院 | 24.45 | 24.5 | 11.4 | 7 | 67.35 |
| 41 | 青海省海北藏族自治州中级人民法院 | 22.85 | 23.5 | 12.8 | 7 | 66.15 |
| 42 | 吉林省白山市中级人民法院 | 24.35 | 21.5 | 14 | 6 | 65.85 |
| 43 | 福建省漳州市中级人民法院 | 24.85 | 21.5 | 13.4 | 6 | 65.75 |
| 44 | 四川省达州市中级人民法院 | 22.65 | 20.5 | 12.2 | 10 | 65.35 |

续表

| 排名 | 法院名称 | 1. 庭审直播效果（35分） | 2. 直播案件数量与类型（38分） | 3. 直播案件庭审组织（15分） | 4. 庭审公开组织工作与平台建设（12分） | 总分 |
|---|---|---|---|---|---|---|
| 45 | 黑龙江省黑河市中级人民法院 | 22 | 23.5 | 12 | 7 | 64.5 |
| 46 | 贵州省贵阳市中级人民法院 | 24.3 | 17.5 | 13.4 | 9 | 64.2 |
| 47 | 浙江省湖州市中级人民法院 | 24.5 | 19.5 | 14 | 6 | 64 |
| 48 | 黑龙江省双鸭山市中级人民法院 | 27.95 | 17.5 | 13.2 | 5 | 63.65 |
| 49 | 福建省福州市中级人民法院 | 26.3 | 15.5 | 14 | 6 | 61.8 |
| 50 | 宁夏回族自治区固原市中级人民法院 | 21.7 | 21.5 | 11.6 | 7 | 61.8 |
| 51 | 云南省大理白族自治州中级人民法院 | 22.1 | 19.5 | 10.6 | 9 | 61.2 |
| 52 | 海南省三亚市中级人民法院 | 23.75 | 20.5 | 9.6 | 7 | 60.85 |

受评中级人民法院的平均分为57.69分，达到平均分及以上的法院有62个，占比64.58%，34个法院低于平均分，前三名分别是广州中院、南京中院、淮南中院。

在本次评估中，广州中院继续稳坐中院排名的第一把交椅。值得注意的是，南京中院从对去年评估的中院排名第二十一名跃升为 2018 年的第二名，说明南京中院在这一年的庭审公开工作中进步较大，值得其他法院学习。淮南中院在 2017 年的庭审公开评估中排名第十，在本次评估中前进到第三名，说明在这一年中淮南中院在庭审公开工作方面稳中有进。而在本次评估得分较低的法院中，山东省的 3 个中院得分均未超过两位数，在中院排名中垫底，内蒙古的 2 个中院也排在倒数第四、第五位，可以侧面反映出这些地区在推动庭审公开方面仍需继续努力。

2. 庭审直播效果

庭审直播效果这一指标从观众的角度评估受评法院直播的案件，这项指标包括 10 个二级指标，即分别从案件名称、案号、案由、基本案情、审判组织成员、诉讼参与人画面展示情况、画面质量、播出音效、直播完整度、本级法院直播案件观看量排名综合评价一个庭审案件的直播效果，共 35 分。中院在本指标的平均得分是 19.27 分，96 个受评中院有 61 个法院得分超过平均分。

表 3 - 14　　　　　部分中院庭审直播效果得分情况　　　　（单位：分）

| 排名 | 法院名称 | 庭审直播效果<br>（35 分） |
|---|---|---|
| 1 | 黑龙江省哈尔滨市中级人民法院 | 31.25 |
| 2 | 江苏省南京市中级人民法院 | 29 |

续表

| 排名 | 法院名称 | 庭审直播效果<br>（35 分） |
|:---:|:---:|:---:|
| 3 | 福建省宁德市中级人民法院 | 28.95 |
| 4 | 青海省西宁市中级人民法院 | 28.35 |
| 5 | 山西省太原市中级人民法院 | 28.3 |
| 6 | 贵州省黔东南苗族侗族自治州中级人民法院 | 28.15 |
| 7 | 贵州省黔西南布依族苗族自治州中级人民法院 | 27.95 |
| 8 | 黑龙江省双鸭山市中级人民法院 | 27.95 |
| 9 | 四川省成都市中级人民法院 | 27.9 |
| 10 | 吉林省长春市中级人民法院 | 27.3 |
| ⋮ | ⋮ | ⋮ |
| 87 | 新疆维吾尔自治区和田地区中级人民法院 | 3.1 |
| 88 | 新疆生产建设兵团第十三师中级人民法院 | 2.2 |
| 89 | 山东省济南市中级人民法院 | 1.3 |
| 90 | 新疆生产建设兵团第一师中级人民法院 | 1.15 |
| 91 | 河北省廊坊市中级人民法院 | 0.8 |
| 92 | 江西省九江市中级人民法院 | 0 |
| 93 | 内蒙古自治区赤峰市中级人民法院 | 0 |
| 94 | 内蒙古自治区巴彦淖尔市中级人民法院 | 0 |
| 95 | 山东省泰安市中级人民法院 | 0 |
| 96 | 山东省威海市中级人民法院 | 0 |

在"庭审直播效果"方面表现较好的 10 个中院和得分较低的 10 个中院中，哈尔滨中院、南京中院和宁德中院占据前三名。而得分较低的法院中，山东省的 3 个中院全部上榜，内蒙古自治区也有 2 个中院得分较低，九江中院是唯一一个来自中国南方省份的法院。这些法院的庭审直播效果未达到观众正常观看所应有

的水平，还需要继续加强这方面的工作建设。

3. 直播案件数量与类型

直播案件数量与类型指标用于评估庭审公开的案件数量与案件类型的情况，包含 5 个二级指标，包括案件总数、直播比例、案件类型比例、直播常态化和本级法院直播案件量排名，满分是 38 分。中院在本指标的平均得分是 21.79 分，有 48 个法院得分超过平均分。

表 3－15　　　　部分中院直播案件数量与类型得分情况

| 排名 | 法院名称 | 直播案件数量与类型（38 分） |
|:---:|:---:|:---:|
| 1 | 广东省广州市中级人民法院 | 37 |
| 2 | 河南省驻马店市中级人民法院 | 35.5 |
| 3 | 云南省昆明市中级人民法院 | 35 |
| 4 | 江苏省南京市中级人民法院 | 34.5 |
| 5 | 浙江省杭州市中级人民法院 | 34 |
| 6 | 贵州省黔东南苗族侗族自治州中级人民法院 | 33.5 |
| 7 | 安徽省淮南市中级人民法院 | 33.5 |
| 8 | 山西省太原市中级人民法院 | 32 |
| 9 | 青海省西宁市中级人民法院 | 31.5 |
| 10 | 江西省南昌市中级人民法院 | 31.5 |
| ⋮ | ⋮ | ⋮ |
| 87 | 湖北省恩施土家族苗族自治州中级人民法院 | 9.5 |
| 88 | 新疆维吾尔自治区乌鲁木齐市中级人民法院 | 6.5 |
| 89 | 新疆维吾尔自治区和田地区中级人民法院 | 6.5 |
| 90 | 山东省济南市中级人民法院 | 6.5 |
| 91 | 新疆生产建设兵团第一师中级人民法院 | 6.5 |

续表

| 排名 | 法院名称 | 直播案件数量与类型（38分） |
|---|---|---|
| 92 | 内蒙古自治区赤峰市中级人民法院 | 6.5 |
| 93 | 内蒙古自治区巴彦淖尔市中级人民法院 | 6.5 |
| 94 | 广东省肇庆市中级人民法院 | 6 |
| 95 | 山东省泰安市中级人民法院 | 5 |
| 96 | 山东省威海市中级人民法院 | 5 |

表3－15列出的是一级指标"直播案件数量与类型"中表现较好的10个中院和得分较低的10个中院，其中广州中院以接近满分的成绩在本项得分中排名第一，驻马店中院和昆明中院分列第二、三位。在本项一级指标中表现较好的10个中院中，在总分上也表现不错，有8个法院位于总分排名的前十，说明作为权重最大的一级指标，直播案件数量与类型的表现在中院层级对于总分、排名也有着非常重要的影响。而得分较低的法院中，山东省的3个中院以及内蒙古自治区的2个中院依旧位列其中，说明这2个省区在庭审公开的推进方面还有诸多不足；此外，广东省的广州中院勇夺第一，而同省的肇庆中院却排在倒数第三，体现了广东省在庭审公开展开方面存在不平衡的情况，背后的具体原因还值得进一步研究。总体来说，这些得分较低的法院没有完全实现庭审公开常态化，案件直播数量、比例等方面还有待推进。

## 4. 直播案件庭审组织

直播案件庭审组织指标用于评估庭审公开过程中法庭的秩序情况，包含 4 个二级指标，即庭审秩序、庭审礼仪、出席情况、个人信息依法保护，满分是 15 分。中院在本指标的平均分是 10.03 分，有 60 个法院得分超过平均分。

表 3 - 16　　　　部分中院直播案件庭审组织得分情况　　　（单位：分）

| 排名 | 法院名称 | 直播案件庭审组织（15 分） |
| --- | --- | --- |
| 1 | 广东省广州市中级人民法院 | 14 |
| 2 | 安徽省合肥市中级人民法院 | 14 |
| 3 | 吉林省长春市中级人民法院 | 14 |
| 4 | 四川省成都市中级人民法院 | 14 |
| 5 | 甘肃省临夏回族自治州中级人民法院 | 14 |
| 6 | 浙江省台州市中级人民法院 | 14 |
| 7 | 四川省自贡市中级人民法院 | 14 |
| 8 | 安徽省芜湖市中级人民法院 | 14 |
| 9 | 天津市第一中级人民法院 | 14 |
| 10 | 贵州省黔西南布依族苗族自治州中级人民法院 | 14 |
| ⋮ | ⋮ | ⋮ |
| 87 | 新疆生产建设兵团第十三师中级人民法院 | 3.2 |
| 88 | 河北省邢台市中级人民法院 | 2.6 |
| 89 | 新疆生产建设兵团第一师中级人民法院 | 2.6 |
| 90 | 河北省廊坊市中级人民法院 | 2 |
| 91 | 山东省济南市中级人民法院 | 0.6 |
| 92 | 江西省九江市中级人民法院 | 0 |

续表

| 排名 | 法院名称 | 直播案件庭审组织（15分） |
|------|----------|------------------------|
| 93 | 内蒙古自治区赤峰市中级人民法院 | 0 |
| 94 | 内蒙古自治区巴彦淖尔市中级人民法院 | 0 |
| 95 | 山东省泰安市中级人民法院 | 0 |
| 96 | 山东省威海市中级人民法院 | 0 |

表3－16列出的是一级指标"直播案件庭审组织"中表现较好的10个中院和得分较低的10个中院，其中有15家法院得到了14分，并列第一，说明这一指标上有相当一部分法院表现不错。而得分较低的法院中，有5家法院没有得分；山东省的3家中院和内蒙古的2家中院再一次名列其中，河北也有2家中院上榜，九江中院继一级指标"庭审直播效果"上榜后再一次上榜。虽然案件量不足会影响这一指标的得分，但是总体来说这些法院在庭审过程中还需加强"控场"能力。

5. 庭审公开组织工作与平台建设

庭审公开组织工作与平台建设指标用于评估法院组织、推进庭审公开的情况，包含3个二级指标，即板块建设、员额法官人均直播案件数、庭审公开组织工作，满分是12分。中院在本指标的平均分是6.59分，有54个法院得分超过平均分。

表 3 - 17　　　部分中院庭审公开组织工作与平台建设得分情况　　（单位：分）

| 排名 | 法院名称 | 庭审公开组织工作与平台建设（12 分） |
|---|---|---|
| 1 | 安徽省淮南市中级人民法院 | 11 |
| 2 | 云南省西双版纳傣族自治州中级人民法院 | 11 |
| 3 | 贵州省黔西南布依族苗族自治州中级人民法院 | 10 |
| 4 | 甘肃省兰州市中级人民法院 | 10 |
| 5 | 山西省吕梁市中级人民法院 | 10 |
| 6 | 四川省达州市中级人民法院 | 10 |
| 7 | 辽宁省沈阳市中级人民法院 | 10 |
| 8 | 广东省广州市中级人民法院 | 9 |
| 9 | 天津市第一中级人民法院 | 9 |
| 10 | 贵州省贵阳市中级人民法院 | 9 |
| ⋮ | ⋮ | ⋮ |
| 87 | 河北省廊坊市中级人民法院 | 5 |
| 88 | 内蒙古自治区赤峰市中级人民法院 | 5 |
| 89 | 内蒙古自治区巴彦淖尔市中级人民法院 | 5 |
| 90 | 新疆维吾尔自治区哈密市中级人民法院 | 4 |
| 91 | 新疆维吾尔自治区乌鲁木齐市中级人民法院 | 1 |
| 92 | 新疆维吾尔自治区和田地区中级人民法院 | 0 |
| 93 | 新疆生产建设兵团第七师中级人民法院 | 0 |
| 94 | 山东省济南市中级人民法院 | 0 |
| 95 | 山东省泰安市中级人民法院 | 0 |
| 96 | 山东省威海市中级人民法院 | 0 |

　　表 3 - 17 列出的是一级指标"庭审公开组织工作与平台建设"中表现较好的 10 个中院和得分较低的 10 个中院。高分段的法院得分都能接近满分，说明这些法院在庭审直播方面确有较佳的组织能力。而得分较低的法院中，10 个法院基本上都是各项一级指标排

名中靠后的法院，从整体来看，这些法院在庭审公开
工作方面还需要抓紧落实最高院的相关要求。

### （三）基层院的评估结果

基层院在中国法院系统中承担大量纠纷解决的工
作，是大部分案件的一审法院，因此基层法院案件量
庞大，也在第一线面对人民群众的正义呼声。对基层
院而言，庭审公开工作具有一定的挑战性。但是，如
果基层院在庭审公开方面表现优秀，却可以在人民群
众中更好赢得信任。

1. 基层院得分与排名情况

受评基层人民法院的平均分为53.82分，达到平均
分及以上的法院有53家，占比为54.2%，有44家法院
低于平均分，前三名分别是扬州市宝应县人民法院、
台州市天台县人民法院、太原市小店区人民法院。在
2017年庭审公开评估的结果中，江苏省泰州市海陵区
法院的排名处于前三，在本次评估中，江苏省高院和
南京市中院都在各自层级的排名中位列前三；同样的，
在本次评估中，浙江省高院排名第四，杭州市中院排
名第九，浙江省台州市天台县法院在今年的评估中也
位居前三；此外，山西省高院在今年评估中位居第二
名，太原市中院、朔州市中院、吕梁市中院3个山西省
的中院也有不俗表现，而太原市小店区人民法院则在

基层法院中排名第三。这体现了江苏省、浙江省、山西省的庭审公开组织、推广工作成绩优异，值得其他省区的法院学习借鉴。此外，在本次评估中，有4个法院得分均未超过两位数，其中3个法院都来自新疆，河北的秦皇岛市海港区法院也名列其中。

2. 庭审直播效果

庭审直播效果主要从各法院直播的案件对法院的庭审直播情况进行考察，这项指标包括10个二级指标，即分别从案件名称、案号、案由、基本案情、审判组织成员、诉讼参与人画面展示情况、画面质量、播出音效、直播完整度、本级法院直播案件观看量排名综合评价一个庭审案件的直播效果，共35分。基层院在本指标的平均分是17.44分，有55个法院得分超过平均分。

表3-18　　　　2018年度"人民法院庭审公开第三方评估"

基层院得分情况　　　　　　　　（单位：分）

| 排名 | 法院名称 | 1. 庭审直播效果（35分） | 2. 直播案件数量与类型（38分） | 3. 直播案件庭审组织（15分） | 4. 庭审公开组织工作与平台建设（12分） | 总分 |
|---|---|---|---|---|---|---|
| 1 | 扬州市宝应县人民法院 | 27.95 | 36.5 | 13.4 | 12 | 89.85 |
| 2 | 台州市天台县人民法院 | 26.85 | 36.5 | 14 | 9 | 86.35 |
| 3 | 太原市小店区人民法院 | 29.7 | 34.5 | 13.9 | 8 | 86.1 |

续表

| 排名 | 法院名称 | 1. 庭审直播效果（35 分） | 2. 直播案件数量与类型（38 分） | 3. 直播案件庭审组织（15 分） | 4. 庭审公开组织工作与平台建设（12 分） | 总分 |
|---|---|---|---|---|---|---|
| 4 | 金华市义乌市人民法院 | 26.4 | 33.5 | 14 | 12 | 85.9 |
| 5 | 盐城市盐都区人民法院 | 26.7 | 36.5 | 13.4 | 9 | 85.6 |
| 6 | 宿迁市沭阳县人民法院 | 26.35 | 36.5 | 12.8 | 9 | 84.65 |
| 7 | 深圳市福田区人民法院 | 27.1 | 32.5 | 13.4 | 11 | 84 |
| 8 | 沈阳市沈河区人民法院 | 26.3 | 34.5 | 12.8 | 9 | 82.6 |
| 9 | 西宁市城北区人民法院 | 26.15 | 33.5 | 14 | 8 | 81.65 |
| 10 | 临汾市乡宁县人民法院 | 28.4 | 30.5 | 12.8 | 9 | 80.7 |
| 11 | 延吉市人民法院 | 26.55 | 31.5 | 13.4 | 8 | 79.45 |
| 12 | 天水市武山县人民法院 | 28.05 | 28.5 | 14 | 8 | 78.55 |
| 13 | 湖州市德清县人民法院 | 24.45 | 31.5 | 14 | 8 | 77.95 |
| 14 | 武汉市武昌区人民法院 | 26.3 | 30.5 | 14 | 7 | 77.8 |
| 15 | 哈尔滨市南岗区人民法院 | 30.25 | 27.5 | 13.8 | 6 | 77.55 |
| 16 | 重庆市大渡口区人民法院 | 24.35 | 31.5 | 10.5 | 11 | 77.35 |
| 17 | 吉林市龙潭区人民法院 | 23.45 | 33.5 | 12.2 | 8 | 77.15 |

| 排名 | 法院名称 | 1. 庭审直播效果（35分） | 2. 直播案件数量与类型（38分） | 3. 直播案件庭审组织（15分） | 4. 庭审公开组织工作与平台建设（12分） | 总分 |
|---|---|---|---|---|---|---|
| 18 | 合肥市包河区人民法院 | 25.4 | 27.5 | 14 | 10 | 76.9 |
| 19 | 昆明市富民县人民法院 | 25.85 | 30.5 | 12.5 | 8 | 76.85 |
| 20 | 贵阳市南明区人民法院 | 20.15 | 34.5 | 12 | 9 | 75.65 |
| 21 | 长治市上党区人民法院 | 26.35 | 30.5 | 12.7 | 6 | 75.55 |
| 22 | 泉州市晋江市人民法院 | 25.2 | 30.5 | 12.8 | 7 | 75.5 |
| 23 | 桂林市秀峰区人民法院 | 25.1 | 30.5 | 10 | 8 | 73.6 |
| 24 | 重庆市渝北区人民法院 | 22.55 | 33.5 | 9.3 | 8 | 73.35 |
| 25 | 武威市凉州区人民法院 | 26.15 | 26.5 | 13.8 | 6 | 72.45 |
| 26 | 南昌经济技术开发区人民法院 | 21.45 | 28.5 | 12.6 | 8 | 70.55 |
| 27 | 成都高新技术产业开发区人民法院 | 22.3 | 26.5 | 11.6 | 10 | 70.4 |
| 28 | 临沂市兰山区人民法院 | 24.35 | 26.5 | 14 | 4 | 68.85 |
| 29 | 宜宾市屏山县人民法院 | 25.1 | 25.5 | 12.8 | 5 | 68.4 |
| 30 | 银川市兴庆区人民法院 | 24.05 | 26.5 | 13 | 4 | 67.55 |

续表

| 排名 | 法院名称 | 1. 庭审直播效果（35分） | 2. 直播案件数量与类型（38分） | 3. 直播案件庭审组织（15分） | 4. 庭审公开组织工作与平台建设（12分） | 总分 |
|---|---|---|---|---|---|---|
| 31 | 天津市滨海新区人民法院 | 28.05 | 22.5 | 14 | 3 | 67.55 |
| 32 | 安庆市宜秀区人民法院 | 21.7 | 28.5 | 12.2 | 5 | 67.4 |
| 33 | 临夏市人民法院 | 25.02 | 23.5 | 13.6 | 5 | 67.12 |
| 34 | 郑州市金水区人民法院 | 25.3 | 22.5 | 13.4 | 5 | 66.2 |
| 35 | 什邡市人民法院 | 25.75 | 22.5 | 14 | 3 | 65.25 |
| 36 | 怒江傈僳族自治州泸水市人民法院 | 24.95 | 23.5 | 12.6 | 4 | 65.05 |
| 37 | 海南藏族自治州贵南县人民法院 | 25.85 | 21.5 | 13.4 | 4 | 64.75 |
| 38 | 漳州市平和县人民法院 | 25.1 | 22.5 | 14 | 3 | 64.6 |
| 39 | 遵义市余庆县人民法院 | 21.65 | 28.5 | 9.4 | 5 | 64.55 |
| 40 | 吴忠市同心县人民法院 | 24.05 | 22.5 | 12.6 | 5 | 64.15 |
| 41 | 龙岩市上杭县人民法院 | 23.4 | 24.5 | 13 | 3 | 63.9 |
| 42 | 百色市田东县人民法院 | 23.9 | 26 | 10 | 4 | 63.9 |
| 43 | 上海市浦东新区人民法院 | 26.25 | 23.5 | 11.2 | 2 | 62.95 |

续表

| 排名 | 法院名称 | 1. 庭审直播效果（35 分） | 2. 直播案件数量与类型（38 分） | 3. 直播案件庭审组织（15 分） | 4. 庭审公开组织工作与平台建设（12 分） | 总分 |
|---|---|---|---|---|---|---|
| 44 | 黄南藏族自治州泽库县人民法院 | 23.1 | 21.5 | 13.4 | 3 | 61 |
| 45 | 阜阳市界首市人民法院 | 21.05 | 22.5 | 14 | 3 | 60.55 |

表 3 - 19　　　　　部分基层院庭审直播效果得分情况　　　（单位：分）

| 排名 | 法院名称 | 庭审直播效果（35 分） |
|---|---|---|
| 1 | 哈尔滨市南岗区人民法院 | 30.25 |
| 2 | 太原市小店区人民法院 | 29.7 |
| 3 | 临汾市乡宁县人民法院 | 28.4 |
| 4 | 天津市滨海新区人民法院 | 28.05 |
| 5 | 天水市武山县人民法院 | 28.05 |
| 6 | 扬州市宝应县人民法院 | 27.95 |
| 7 | 深圳市福田区人民法院 | 27.1 |
| 8 | 台州市天台县人民法院 | 26.85 |
| 9 | 盐城市盐都区人民法院 | 26.7 |
| 10 | 延边朝鲜族自治州延吉市人民法院 | 26.55 |
| ⋮ | ⋮ | ⋮ |
| 87 | 十堰市房县人民法院 | 2.75 |
| 88 | 山南市错那县人民法院 | 2.6 |
| 89 | 十堰市竹山县人民法院 | 2.6 |
| 90 | 新疆生产建设兵团车排子垦区人民法院 | 2.45 |
| 91 | 赣州市石城县人民法院 | 0 |
| 92 | 新疆生产建设兵团伊宁垦区人民法院 | 0 |

| 排名 | 法院名称 | 庭审直播效果<br>（35 分） |
|------|----------|------------------------|
| 93 | 秦皇岛市海港区人民法院 | 0 |
| 94 | 乌鲁木齐市新市区人民法院 | 0 |
| 95 | 皮山县人民法院 | 0 |
| 96 | 福海县人民法院 | 0 |

表 3 – 19 列出的是一级指标"庭审直播效果"中表现较好的 10 个基层院和得分较低的 10 个基层院，其中哈尔滨市南岗区人民法院在本项得分中排名第一，同属山西省基层院的太原市小店区人民法院和临汾市乡宁县人民法院 2 个基层院分列第二、三位，说明山西省的法院在庭审直播的效果上具有先进经验，值得其他法院学习。在得分较低的法院中，除了新疆地区的几个法院外，秦皇岛的海港区人民法院、赣州的石城县人民法院、山南市的错那人民县法院以及十堰市的竹山县人民法院和房县人民法院位列其中，说明这些基层院在庭审公开的推进方面还没有达到预期效果。

3. 直播案件数量与类型

直播案件数量与类型指标用于评估庭审公开的案件数量与案件类型的情况，包含 5 个二级指标，包括案件总数、直播比例、案件类型比例、直播常态化、本级法院直播案件量排名，满分是 38 分。基层院在本指标的平均分是 22.53 分，有 43 个法院得分超过平均分。

表3-20　　　　　　部分基层院直播案件数量与类型得分情况　　　（单位：分）

| 排名 | 法院名称 | 直播案件数量与类型（38分） |
|------|----------|------------------------------|
| 1 | 扬州市宝应县人民法院 | 36.5 |
| 2 | 台州市天台县人民法院 | 36.5 |
| 3 | 盐城市盐都区人民法院 | 36.5 |
| 4 | 宿迁市沭阳县人民法院 | 36.5 |
| 5 | 太原市小店区人民法院 | 34.5 |
| 6 | 沈阳市沈河区人民法院 | 34.5 |
| 7 | 贵阳市南明区人民法院 | 34.5 |
| 8 | 金华市义乌市人民法院 | 33.5 |
| 9 | 西宁市城北区人民法院 | 33.5 |
| 10 | 吉林市龙潭区人民法院 | 33.5 |
| ⋮ | ⋮ | ⋮ |
| 87 | 十堰市竹山县人民法院 | 14.5 |
| 88 | 新疆生产建设兵团车排子垦区人民法院 | 14.5 |
| 89 | 新疆生产建设兵团伊宁垦区人民法院 | 14.5 |
| 90 | 上海市杨浦区人民法院 | 14 |
| 91 | 南昌市东湖区人民法院 | 11.5 |
| 92 | 天津市西青区人民法院 | 9.5 |
| 93 | 秦皇岛市海港区人民法院 | 6.5 |
| 94 | 乌鲁木齐市新市区人民法院 | 5 |
| 95 | 皮山县人民法院 | 5 |
| 96 | 福海县人民法院 | 5 |

　　表3-20列出的是一级指标"直播案件数量与类型"中表现较好的10个基层院和得分较低的10个基层院，其中扬州市宝应县人民法院、台州市天台县人民法院、盐城市盐都区人民法院、宿迁市沭阳县人民法院在本项指标中以36.5分并列第一。在本项一级指

标中表现较好的 10 个基层院中，有 8 个在总分排名中位居前十，说明作为权重最大的一级指标，直播案件数量与类型的表现在基层院中对于总分也有着非常重要的影响。而得分较低的法院中，2 个直辖市的基层院，即上海市杨浦区人民法院和天津市西青区人民法院同时上榜，说明这两个基层院在庭审公开的推进方面还有诸多不足，没有实现庭审公开的常态化，案件直播数量、比例等方面还需要进一步推进。

4. 直播案件庭审组织

直播案件庭审组织指标用于评估庭审公开过程中法庭的秩序情况，包含 4 个二级指标，即庭审秩序、庭审礼仪、出席情况和个人信息依法保护，满分是 15 分。基层院在本指标的平均分是 9.3 分，有 54 个法院得分超过平均分。

表 3 - 21　　　　　部分基层院直播案件庭审组织得分情况　　　　（单位：分）

| 排名 | 法院名称 | 直播案件庭审组织（15分） |
|------|----------|------------------------|
| 1 | 台州市天台县人民法院 | 14 |
| 2 | 金华市义乌市人民法院 | 14 |
| 3 | 西宁市城北区人民法院 | 14 |
| 4 | 湖州市德清县人民法院 | 14 |
| 5 | 武汉市武昌区人民法院 | 14 |
| 6 | 天水市武山县人民法院 | 14 |

| 排名 | 法院名称 | 直播案件庭审组织（15分） |
|---|---|---|
| 7 | 合肥市包河区人民法院 | 14 |
| 8 | 临沂市兰山区人民法院 | 14 |
| 9 | 天津市滨海新区人民法院 | 14 |
| 10 | 德阳市什邡市人民法院 | 14 |
| ⋮ | ⋮ | ⋮ |
| 87 | 十堰市房县人民法院 | 3.2 |
| 88 | 十堰市竹山县人民法院 | 3.2 |
| 89 | 山南市错那县人民法院 | 3 |
| 90 | 新疆生产建设兵团车排子垦区人民法院 | 3 |
| 91 | 赣州市石城县人民法院 | 0 |
| 92 | 新疆生产建设兵团伊宁垦区人民法院 | 0 |
| 93 | 秦皇岛市海港区人民法院 | 0 |
| 94 | 乌鲁木齐市新市区人民法院 | 0 |
| 95 | 皮山县人民法院 | 0 |
| 96 | 福海县人民法院 | 0 |

表3-21列出的是一级指标"直播案件庭审组织"中表现较好的10个基层院和得分较低的10个基层院。由于篇幅原因，共有10个法院以14分并列第一，说明在本指标中，表现较好的法院都能接近满分。而得分倒数前十的法院中，有6个法院没有在本项指标中得分，除了新疆地区的法院外，还有秦皇岛的海港区人民法院和赣州市的石城县人民法院。说明这些法院在庭审过程中还需要进一步加强维持庭审秩序的能力。

## 5. 庭审公开组织工作与平台建设

庭审公开组织工作与平台建设指标用于评估法院组织工作、推进庭审公开的情况，包含 3 个二级指标，即板块建设、员额法官人均直播案件数、庭审公开组织工作，满分是 12 分。基层院在本指标的平均分是 4.55 分，有 43 个法院得分超过平均分。

表 3 - 22　　部分基层院庭审公开组织工作与平台建设得分情况　（单位：分）

| 排名 | 法院名称 | 庭审公开组织工作与平台建设（12 分） |
|---|---|---|
| 1 | 金华市义乌市人民法院 | 12 |
| 2 | 扬州市宝应县人民法院 | 12 |
| 3 | 深圳市福田区人民法院 | 11 |
| 4 | 重庆市大渡口区人民法院 | 11 |
| 5 | 合肥市包河区人民法院 | 10 |
| 6 | 成都高新技术产业开发区人民法院 | 10 |
| 7 | 台州市天台县人民法院 | 9 |
| 8 | 盐城市盐都区人民法院 | 9 |
| 9 | 宿迁市沭阳县人民法院 | 9 |
| 10 | 沈阳市沈河区人民法院 | 9 |
| ⋮ | ⋮ | ⋮ |
| 87 | 包头市固阳县人民法院 | 1 |
| 88 | 十堰市房县人民法院 | 1 |
| 89 | 十堰市竹山县人民法院 | 1 |
| 90 | 山南市错那县人民法院 | 1 |
| 91 | 新疆生产建设兵团车排子垦区人民法院 | 1 |
| 92 | 新疆生产建设兵团伊宁垦区人民法院 | 1 |
| 93 | 秦皇岛市海港区人民法院 | 1 |
| 94 | 乌鲁木齐市新市区人民法院 | 1 |

续表

| 排名 | 法院名称 | 庭审公开组织工作与<br>平台建设（12分） |
|---|---|---|
| 95 | 皮山县人民法院 | 1 |
| 96 | 福海县人民法院 | 1 |

表3-22列出的是一级指标"庭审公开组织工作与平台建设"中表现较好的10个基层院和得分较低的10个基层院。义乌市人民法院和宝应县人民法院获得满分并列第一。而得分较低的法院中，共有18个法院仅得1分位于末位。

# 三　分项评估结果分析

本次庭审公开第三方评估共有4个一级指标，每个一级指标对应数量不等的二级指标，分别从不同维度反映一级指标，因此本部分的重点是观察和分析每一个一级指标及其所属二级指标的得分情况。但是本部分不以具体某个层级或单个法院为分析对象，而是通过224家法院在这些指标的表现来分析相关指标，从而通过这些指标的得分情况分析哪些法院在本次评估中表现较佳或得分不高。

本次评估与2017年度人民法院庭审公开工作的第三方评估相比，有17个二级指标在名称和计算方式上相同，并且两次评估也有109家法院相同。因此还需要结合这些相同要素进行不同角度的分析。第一是对比两次评估中 17 个相同指标的得分情况。第二是以 109 个相同法院为基础，对比两次评估中相同法院的总分和变化情况。第三是对比 109 个相同法院在 17 个相同指标中的得分率和变化情况。

### （一）具体指标得分情况分析

这一部分主要分析课题组抽取的 224 家法院在一级指标得分的总体表现和每个二级指标得分的具体情况。这一分析以全部 224 家法院为样本，可以从宏观角度观察在每个二级指标上各个法院的得分情况，从而反映出中国法院的庭审公开工作现状以及需要改进的地方。

1. 庭审直播效果

庭审直播效果指标用于评估与庭审直播相关的呈现情况，包含 10 个二级指标，满分是 35 分。从评估成绩看，排名前五位的法院分别是哈尔滨中院、哈尔滨市南岗区人民法院、太原市小店区人民法院、南京中院和宁德中院。本项指标的平均分为 18.46 分，有 133 个法院超过平均分，91 个法院低于平均分，其中有 12 个法院没有得分。

在本项一级指标中，共有 8 个二级指标的得分情况较好，均有一半或一半以上法院得分超过全体法院的平均分，其中"1.2 案号"和"1.8 播出音效"得分情况最好，原因在于每个案件都有固定、唯一的案号，除了部分法院没有填写相关信息或者没有直播案件，一般而言都能得满分；而播出音效是庭审直播的重要因素，音效不佳会影响观众收看，因此大部分法院在这方面做得比较好，失分原因集中在课题组抽查案件时相关法院没有庭审直播案件。

但是，"1.4 基本案情"和"1.7 画面质量"这 2 个指标得分均不到半数法院超过全体法院的平均分。通过课题组抽查案件的记录，这 2 个指标得分情况较差的具体原因如下。第一，"基本案情"的失分原因是各法院没有提供充分的庭审案件的相关信息，有部分法院甚至没有填写基本案情，因此失分情况严重。基本案情的介绍对于观众了解案情、提高观看兴趣而言有不可或缺的作用，因此这一指标的失分情况值得重视。而这一现象背后的深层次原因是目前还没有全国统一的规范性文件提供指引，当前庭审直播的实践是由法院凭"自由裁量"填写案件信息，所以在课题组评估中得分较低。

第二，"画面质量"失分的主要原因在于，部分法院的镜头清晰度较低以及镜头数不足以覆盖所有参与庭审人员，因此无法得到本指标的相应分数；另外一个失分原因是，部分法院在课题组抽查案件的时间段内没有案件直播，因此本指标没有得分。

表3-23　　　　　　　庭审直播效果得分情况

| 庭审公开指标 | | 法院数：224 | | |
| --- | --- | --- | --- | --- |
| | | 平均分（分） | 超平均分的法院数 | 百分比（%） |
| 1. 庭审直播效果（35分） | 1.1 案件名称（2分） | 0.87 | 136 | 60.71 |
| | 1.2 案号（2分） | 1.39 | 141 | 62.95 |
| | 1.3 案由（2分） | 1.27 | 132 | 58.93 |
| | 1.4 基本案情（4分） | 0.84 | 77 | 34.38 |
| | 1.5 审判组织成员（4分） | 2.37 | 117 | 52.23 |
| | 1.6 诉讼参与人画面展示情况（4分） | 2.56 | 135 | 60.27 |
| | 1.7 画面质量（4分） | 2.18 | 110 | 49.11 |
| | 1.8 播出音效（4分） | 2.59 | 139 | 62.05 |
| | 1.9 直播完整度（6分） | 3.42 | 126 | 56.25 |
| | 1.10 本级法院直播案件观看量排名（3分） | 0.96 | 120 | 53.57 |

## 2. 直播案件数量与类型

直播案件数量与类型指标用于评估庭审公开的案件数量与案件类型的情况，包含5个二级指标，满分是38分。从评估成绩看，广州中院在本项指标排名第一，得分为37分；宝应县人民法院、天台县人民法院、盐城市盐都区人民法院、沭阳县人民法院以总分36.5分并列第二。本项指标的平均分为21.99分，有117个法院超过平均分，107个法院低于平均分。

在本项一级指标中，仅有2个二级指标的得分情况较好，有一半及以上法院得分超过全体法院的平均分，这 2 个二级指标分别是"2.2 直播比例""2.5 本级法院直播案件量排名"。"直播比例"主要通过法院案件直播量与结案量的比例在本层级法院中的情况进行评分，因此直播案件数高的法院得分情况会相对较佳。而在 224 家法院的角度来看，有 79.46% 的法院得分超过平均分，说明这些法院在案件直播的数量上处于同一层级法院的平均线以上。而"本级法院直播案件量排名"恰好逾半数法院超过全体法院的平均分，本指标是对本层级法院的直播案件量进行排名，根据排名区分不同梯度进行评分，因此排名较低的法院得分也较低，这也是这一指标仅有半数法院超过全体法院平均分的原因。

此外，"2.1 案件总数""2.3 案件类型比例"和"2.4 直播常态化"这 3 个指标得分均是不到半数法院超过本级法院的平均分，具体失分原因如下。

第一，案件总数以同一层级法院的直播案件平均数为标准，根据这一标准设置不同评分梯度进行评分，所以低于平均数的法院得分相对较低，说明处于低分段的法院比较多，这些法院还需要在案件直播总量上下功夫。

第二，"案件类型比例"指标失分情况表明各法院的直播案件比例失调，不少法院仍把重点放在民事案件的直播上，因此行政案件和刑事案件直播比例不高。案件比例失衡导致各法院失分严重，这也是仅有9.82%的法院得分超过全体法院本指标平均分的主要原因。

第三，在"直播常态化"方面，本指标的计分方式是以本层级法院的平均直播案件天数为标准，根据这一标准设置不同比例的梯度，再按照各法院直播案件天数处在何种梯度进行评分，所以如果部分法院直播天数较少甚至没有直播的话，得分情况就会较差。本指标旨在鼓励法院庭审直播的常态化，因此本指标得分不佳说明各法院离"天天有直播"的要求还有些距离。

表3-24　　　　　　　　直播案件数量与类型得分情况

| 庭审公开指标 | | 法院数：224 | | |
| --- | --- | --- | --- | --- |
| | | 平均分（分） | 超平均分法院数 | 百分比（%） |
| 2. 直播案件数量与类型（38分） | 2.1 案件总数（12分） | 5.16 | 101 | 45.09 |
| | 2.2 直播比例（10分） | 8.82 | 178 | 79.46 |
| | 2.3 案件类型比例（2分） | 0.54 | 22 | 9.82 |
| | 2.4 直播常态化（8分） | 4.71 | 107 | 47.77 |
| | 2.5 本级法院直播案件量排名（6分） | 2.77 | 114 | 50.89 |

## 3. 直播案件庭审组织

直播案件庭审组织指标用于评估庭审公开过程中

法庭的秩序情况，包含 4 个二级指标，满分是 15 分。从评估成绩看，江苏省高级人民法院获得了满分，另有 32 个法院并列第二，总分均为 14 分。本项指标的平均分为 9.71 分，有 130 个法院超过平均分，94 个法院低于平均分，其中有 12 个法院没有得分。

一级指标"直播案件庭审组织"共占 15 分，内含 4 个二级指标。在本项一级指标中，4 个二级指标的得分均有一半或一半以上法院得分超过本级法院的平均分，得分情况较佳，说明基层法院在控制庭审工作时也具有比较好的能力与水平。但是，3.1、3.2、3.3 这 3 个指标都刚超过 50%，反过来意味着都有将近 50% 的法院得分未超过平均分，各个法院还需要努力完善庭审组织工作。

表 3 - 25    直播案件庭审组织得分情况

| 庭审公开指标 | | 法院数：224 | | |
| --- | --- | --- | --- | --- |
| | | 平均分（分） | 超平均分法院数 | 百分比（%） |
| 3. 直播案件庭审组织（15 分） | 3.1 庭审秩序（4 分） | 2.81 | 130 | 58.04 |
| | 3.2 庭审礼仪（4 分） | 2.65 | 126 | 56.25 |
| | 3.3 出席情况（4 分） | 2.42 | 130 | 58.04 |
| | 3.4 个人信息依法保护（3 分） | 1.83 | 203 | 90.63 |

**4. 庭审公开组织工作与平台建设**

庭审公开组织工作与平台建设指标用于评估法院

组织、推进庭审公开的情况，包含 3 个二级指标，满分是 12 分。从评估成绩看，有 2 家法院并列第一，分别是义乌市人民法院、宝应县人民法院，总分均为 12 分，在本项指标中获得满分。本项指标的平均分为 5.66 分，有 129 个法院超过平均分，95 个法院低于平均分，其中有 5 个法院没有得分。

在本项一级指标中，"庭审公开组织工作"指标的得分情况较好，有一半或一半以上法院得分超过本级法院的平均分。"员额法官人均直播案件数"和"板块建设"的得分情况较差，具体失分原因如下。

表 3-26　　　　　庭审公开组织工作与平台建设得分情况

| 庭审公开指标 | | 法院数：224 | | |
| --- | --- | --- | --- | --- |
| | | 平均分（分） | 超平均分法院数 | 百分比（%） |
| 4. 庭审公开组织工作与平台建设（12分） | 4.1 板块建设（3分） | 0.55 | 42 | 18.75 |
| | 4.2 员额法官人均直播案件数（4分） | 1.58 | 111 | 49.55 |
| | 4.3 庭审公开组织工作（5分） | 3.53 | 140 | 62.50 |

第一，"板块建设"的得分情况体现了法院在其官网首页设置中国庭审公开网链接的情况仍不乐观。具体而言，部分法院的官网首页没有设置中国庭审公开网的链接，但是也有部分法院只设置了本院或本省、自治区、直辖市的庭审直播网链接，这些做法都无法让公众直接链接中国庭审公开网，不利于全国庭审公

开统一平台的推广。第二，"员额法官人均直播案件数"的失分问题在于该指标的计分方式是以本层级法院的直播案件数为标准，根据这一标准设置不同评分梯度进行评分，所以低于平均数的法院得分较低。这也说明了在员额法官人均直播方面还有相当大的提升空间。

## （二）评估结果对比

这部分对比两次评估中 17 个相同指标的得分情况，但由于两次评估指标的赋值不完全一致，所以计算方法是：（1）分别筛选两次评估中相同指标；（2）分别计算这些指标在各自评估体系中的分值；（3）分别计算这些指标的实际得分；（4）分别以（3）的数值除以（2）的数值计算出两次评估的得分率；（5）对比两次评估的得分率。

表 3-27　　　　　两年相同指标得分率对比情况　　　　单位：%

| 序号 | 相同指标 | 2017 年 | 2018 年 | 变化 |
|---|---|---|---|---|
| 1 | 案件名称 | 46.28 | 39.83 | -6.45 |
| 2 | 案号 | 72.54 | 64.38 | -8.17 |
| 3 | 案由 | 67.26 | 58.68 | -8.58 |
| 4 | 基本案情 | 23.94 | 24.29 | 0.35 |
| 5 | 审判组织成员 | 52.69 | 53.76 | 1.07 |
| 6 | 诉讼参与人画面展示情况 | 64.15 | 58.16 | -6.00 |
| 7 | 画面质量 | 58.94 | 51.72 | -7.22 |

续表

| 序号 | 相同指标 | 2017 年 | 2018 年 | 变化 |
|---|---|---|---|---|
| 8 | 播出音效 | 65.69 | 60.79 | -4.90 |
| 9 | 直播完整度 | 68.68 | 49.83 | -18.85 |
| 10 | 案件总数 | 36.31 | 42.97 | 6.66 |
| 11 | 直播比例 | 44.64 | 88.26 | 43.62 |
| 12 | 庭审秩序 | 72.54 | 64.73 | -7.81 |
| 13 | 庭审礼仪 | 71.56 | 61.56 | -10.00 |
| 14 | 出席情况 | 70.18 | 50.77 | -19.41 |
| 15 | 个人信息依法保护 | 73.88 | 62.80 | -11.09 |
| 16 | 板块建设 | 57.59 | 18.30 | -39.29 |
| 17 | 员额法官人均直播案件数 | 40.40 | 39.51 | -0.89 |

本次评估与 2017 年度庭审公开工作评估共有 17 个相同指标。在这些指标中，仅有 4 个指标的得分率比上次评估高。第一，"基本案情"指标。在 2018 年度庭审公开工作评估中较 2017 年度的评估高了 0.35%，说明各法院在基本案情的规范上稍有进步。第二，"审判组织成员"的 2018 年评估较 2017 年评估提升了 1.07%，可以看出法院在填写直播页面信息方面有逐渐规范的趋势。第三，"案件总数"和"直播比例"的提高说明法院在推广庭审公开方面更加积极，尤其是直播比例指标的提高，意味着整体上法院的直播案件占结案量的比例逐渐加大。

但是，在上述 17 个指标中，有 13 个指标的得分率呈现出下降趋势，其中"板块建设"更是下降了

39.29%。这其中虽然有课题组从严打分的原因，即课题组仅查看法院官网主页是否链接了中国庭审公开网，但是，这也说明这一年来，各法院在推广中国庭审公开网方面还有所欠缺。因为当公众希望收看某个案件的庭审直播时，首先想到的是浏览与审理法院最密切的法院网页，但是如果法院官网首页没有链接中国庭审公开网的板块，那么会提高观众观看庭审直播的成本。另外也不利于中国庭审公开网的推广。

从总体来看，这 13 个指标的得分率下降还在于法院在提高直播案件数量的同时可能忽略了其他方面的建设。2018 年各层级受评法院的庭审直播案件数都有所增加，被评估高院庭审直播案件总数为 10205 件，中院为 58536 件，基层院为 71921 件；而在 2017 年的数据中，高院的庭审直播案件数为 5504 件，中院为 20832 件，基层院为 31392 件。2018 年的庭审直播案件数都明显高于 2017 年。各法院在大力推进庭审公开、提高庭审直播案件量的同时，在某些方面可能会忽略质量，所以上述各项指标的得分都有所下降，这也是各法院在开展庭审公开工作的时候需要注意的地方。

## （三）相同法院两年评估的结果对比

根据课题组的比对，本次庭审公开评估共有 109

家法院与前一年度庭审公开评估抽取的法院重合。因此我们可以从两个维度进行分析：第一是分析这 109 家法院总分的得分变化，由此观察这些法院两年庭审公开工作的整体情况；第二是分析这 109 家法院在 17 个相同指标上的得分率变化，由此我们可以具体看到这些法院两年来在庭审公开方面的具体进展。

1. 两年相同法院的总分情况对比

为了了解这 109 家相同法院在两次评估中的得分及其变化情况，我们对比了两年评估中，这 109 家法院的总分变化情况以及变化率，具体而言，变化情况是 2018 年庭审公开工作评估的得分减去 2017 年庭审公开工作评估的得分，计出结果。其结果为正数则说明该法院有所进步，如果为负数，则说明该法院在总分上是退步的。而变化率的计算方式是上述结果除以对 2018 年庭审公开评估的得分，这一结果可以看出该法院在两次评估中的变化情况。

表 3 - 28　　　　　两年相同法院得分情况对比　　　　　单位：分、%

| 序号 | 法院名称 | 2017 年得分 | 2018 年得分 | 变化情况 | 变化率 |
|---|---|---|---|---|---|
| 1 | 海南省三亚市中级人民法院 | 8.00 | 60.85 | 52.85 | 86.85 |
| 2 | 贵阳市南明区人民法院 | 12.17 | 75.65 | 63.48 | 83.92 |
| 3 | 贵州省贵阳市中级人民法院 | 11.00 | 64.2 | 53.20 | 82.87 |
| 4 | 北京知识产权法院 | 11.00 | 58.25 | 47.25 | 81.12 |

续表

| 序号 | 法院名称 | 2017 年得分 | 2018 年得分 | 变化情况 | 变化率 |
|------|----------|-------------|-------------|----------|--------|
| 5 | 西藏自治区昌都市中级人民法院 | 16.00 | 52.55 | 36.55 | 69.55 |
| 6 | 陕西省宝鸡市中级人民法院 | 19.00 | 58.25 | 39.25 | 67.38 |
| 7 | 北京市朝阳区人民法院 | 16.83 | 49.8 | 32.97 | 66.20 |
| 8 | 陕西省高级人民法院 | 24.00 | 64.65 | 40.65 | 62.88 |
| 9 | 湖北省高级人民法院 | 17.67 | 46.3 | 28.63 | 61.84 |
| 10 | 重庆市高级人民法院 | 21.33 | 53.4 | 32.07 | 60.05 |
| 11 | 武汉市武昌区人民法院 | 31.67 | 77.8 | 46.13 | 59.30 |
| 12 | 海南省高级人民法院 | 10.67 | 23.55 | 12.88 | 54.71 |
| 13 | 内蒙古自治区高级人民法院 | 16.00 | 35.15 | 19.15 | 54.48 |
| 14 | 北京市第一中级人民法院 | 28.00 | 58.9 | 30.90 | 52.46 |
| 15 | 湖南省高级人民法院 | 25.50 | 52.25 | 26.75 | 51.20 |
| 16 | 海南省海口市中级人民法院 | 37.50 | 70.9 | 33.40 | 47.11 |
| 17 | 贵州省高级人民法院 | 19.67 | 36.6 | 16.93 | 46.27 |
| 18 | 湖南省长沙市中级人民法院 | 23.00 | 39 | 16.00 | 41.03 |
| 19 | 沈阳市沈河区人民法院 | 49.83 | 82.6 | 32.77 | 39.67 |
| 20 | 辽宁省沈阳市中级人民法院 | 47.50 | 72.6 | 25.10 | 34.57 |
| 21 | 北京市高级人民法院 | 20.00 | 30.55 | 10.55 | 34.53 |
| 22 | 深圳市福田区人民法院 | 59.33 | 84 | 24.67 | 29.37 |
| 23 | 安徽省合肥市中级人民法院 | 59.67 | 79.35 | 19.68 | 24.81 |
| 24 | 江西省高级人民法院 | 61.26 | 79.15 | 17.89 | 22.61 |
| 25 | 甘肃省高级人民法院 | 53.17 | 68.5 | 15.33 | 22.38 |
| 26 | 黑龙江省哈尔滨市中级人民法院 | 65.42 | 79.75 | 14.33 | 17.97 |
| 27 | 哈尔滨市南岗区人民法院 | 64.17 | 77.55 | 13.38 | 17.25 |
| 28 | 金华市义乌市人民法院 | 71.17 | 85.9 | 14.73 | 17.15 |
| 29 | 青海省高级人民法院 | 67.83 | 79.10 | 11.27 | 14.24 |
| 30 | 宁夏回族自治区银川市中级人民法院 | 51.50 | 59.8 | 8.30 | 13.88 |

续表

| 序号 | 法院名称 | 2017 年得分 | 2018 年得分 | 变化情况 | 变化率 |
|---|---|---|---|---|---|
| 31 | 山西省吕梁市中级人民法院 | 67.33 | 77.6 | 10.27 | 13.24 |
| 32 | 临沂市兰山区人民法院 | 60.50 | 68.85 | 8.35 | 12.13 |
| 33 | 山西省高级人民法院 | 71.00 | 80.25 | 9.25 | 11.53 |
| 34 | 江苏省南京市中级人民法院 | 76.09 | 84.50 | 8.41 | 9.96 |
| 35 | 西藏自治区拉萨市中级人民法院 | 52.67 | 58.05 | 5.38 | 9.27 |
| 36 | 云南省高级人民法院 | 72.50 | 79.25 | 6.75 | 8.52 |
| 37 | 黑龙江省高级人民法院 | 63.00 | 68.7 | 5.70 | 8.30 |
| 38 | 河北省高级人民法院 | 63.50 | 69.15 | 5.65 | 8.17 |
| 39 | 银川市兴庆区人民法院 | 62.17 | 67.55 | 5.38 | 7.97 |
| 40 | 天津市第二中级人民法院 | 62.67 | 67.45 | 4.78 | 7.09 |
| 41 | 甘肃省兰州市中级人民法院 | 71.50 | 76.35 | 4.85 | 6.35 |
| 42 | 湖南省郴州市中级人民法院 | 63.17 | 67.35 | 4.18 | 6.21 |
| 43 | 安徽省高级人民法院 | 70.00 | 74.6 | 4.60 | 6.17 |
| 44 | 西藏自治区高级人民法院 | 53.33 | 56.75 | 3.42 | 6.02 |
| 45 | 上海市浦东新区人民法院 | 59.34 | 62.95 | 3.61 | 5.74 |
| 46 | 江苏省高级人民法院 | 76.50 | 81.15 | 4.65 | 5.73 |
| 47 | 福建省宁德市中级人民法院 | 73.67 | 78.05 | 4.38 | 5.62 |
| 48 | 福建省高级人民法院 | 69.16 | 72.85 | 3.69 | 5.06 |
| 49 | 浙江省高级人民法院 | 75.50 | 79.2 | 3.70 | 4.68 |
| 50 | 天津市第一中级人民法院 | 70.17 | 73.55 | 3.38 | 4.60 |
| 51 | 浙江省杭州市中级人民法院 | 76.33 | 79.8 | 3.47 | 4.34 |
| 52 | 青海省西宁市中级人民法院 | 76.66 | 79.85 | 3.19 | 3.99 |
| 53 | 河南省高级人民法院 | 62.33 | 64.45 | 2.12 | 3.28 |
| 54 | 四川省成都市中级人民法院 | 76.50 | 78.40 | 1.90 | 2.42 |
| 55 | 吉林省高级人民法院 | 72.17 | 73.80 | 1.63 | 2.21 |
| 56 | 重庆市大渡口区人民法院 | 75.83 | 77.35 | 1.52 | 1.96 |
| 57 | 赤峰市阿鲁科尔沁旗人民法院 | 26.33 | 26.85 | 0.52 | 1.92 |

续表

| 序号 | 法院名称 | 2017年得分 | 2018年得分 | 变化情况 | 变化率 |
|------|---------|-----------|-----------|---------|--------|
| 58 | 安徽省淮南市中级人民法院 | 81.00 | 82.20 | 1.20 | 1.46 |
| 59 | 江西省南昌市中级人民法院 | 75.17 | 76.25 | 1.08 | 1.42 |
| 60 | 延吉市人民法院 | 78.33 | 79.45 | 1.12 | 1.41 |
| 61 | 吉林省长春市中级人民法院 | 78.67 | 78.80 | 0.13 | 0.17 |
| 62 | 湖北省咸宁市中级人民法院 | 56.50 | 56.15 | −0.35 | −0.62 |
| 63 | 天津市高级人民法院 | 43.50 | 43.00 | −0.50 | −1.16 |
| 64 | 宁夏回族自治区吴忠市中级人民法院 | 68.83 | 67.85 | −0.98 | −1.45 |
| 65 | 山西省太原市中级人民法院 | 80.34 | 79.00 | −1.34 | −1.69 |
| 66 | 中卫市中宁县人民法院 | 52.33 | 51.25 | −1.08 | −2.11 |
| 67 | 天津市滨海新区人民法院 | 69.00 | 67.55 | −1.45 | −2.15 |
| 68 | 青海省海北藏族自治州中级人民法院 | 68.17 | 66.15 | −2.02 | −3.05 |
| 69 | 泉州市晋江市人民法院 | 78.17 | 75.50 | −2.67 | −3.53 |
| 70 | 广东省广州市中级人民法院 | 88.67 | 85.10 | −3.57 | −4.19 |
| 71 | 云南省昆明市中级人民法院 | 85.16 | 81.65 | −3.51 | −4.30 |
| 72 | 河南省驻马店市中级人民法院 | 86.33 | 81.85 | −4.48 | −5.48 |
| 73 | 福建省福州市中级人民法院 | 65.50 | 61.80 | −3.70 | −5.99 |
| 74 | 湖北省武汉市中级人民法院 | 77.17 | 72.65 | −4.52 | −6.22 |
| 75 | 河南省郑州市中级人民法院 | 78.34 | 73.50 | −4.84 | −6.58 |
| 76 | 四川省高级人民法院 | 58.33 | 54.65 | −3.68 | −6.74 |
| 77 | 辽宁省高级人民法院 | 65.33 | 61.20 | −4.13 | −6.75 |
| 78 | 上海市第一中级人民法院 | 63.16 | 59.15 | −4.01 | −6.79 |
| 79 | 甘肃省张掖市中级人民法院 | 79.67 | 74.55 | −5.12 | −6.86 |
| 80 | 江苏省连云港市中级人民法院 | 73.34 | 68.25 | −5.09 | −7.45 |
| 81 | 广西壮族自治区南宁市中级人民法院 | 75.50 | 70.05 | −5.45 | −7.78 |
| 82 | 成都高新技术产业开发区人民法院 | 77.67 | 70.40 | −7.27 | −10.32 |

续表

| 序号 | 法院名称 | 2017 年得分 | 2018 年得分 | 变化情况 | 变化率 |
|---|---|---|---|---|---|
| 83 | 郑州市金水区人民法院 | 73.83 | 66.20 | -7.63 | -11.53 |
| 84 | 宁夏回族自治区高级人民法院 | 40.50 | 36.20 | -4.30 | -11.88 |
| 85 | 浙江省台州市中级人民法院 | 85.50 | 76.05 | -9.45 | -12.42 |
| 86 | 海口市龙华区人民法院 | 39.17 | 34.25 | -4.92 | -14.36 |
| 87 | 南宁市青秀区人民法院 | 68.42 | 58.65 | -9.77 | -16.65 |
| 88 | 上海市第三中级人民法院 | 72.17 | 59.90 | -12.27 | -20.48 |
| 89 | 内蒙古自治区兴安盟中级人民法院 | 60.50 | 50.15 | -10.35 | -20.64 |
| 90 | 上海市杨浦区人民法院 | 50.67 | 42.00 | -8.67 | -20.64 |
| 91 | 广西壮族自治区高级人民法院 | 66.50 | 55.05 | -11.45 | -20.80 |
| 92 | 山东省高级人民法院 | 70.77 | 57.40 | -13.37 | -23.29 |
| 93 | 广东省高级人民法院 | 73.00 | 58.90 | -14.10 | -23.94 |
| 94 | 新疆生产建设兵团五家渠垦区人民法院 | 44.17 | 33.85 | -10.32 | -30.48 |
| 95 | 陕西省西安市中级人民法院 | 61.83 | 46.30 | -15.53 | -33.55 |
| 96 | 拉萨市城关区人民法院 | 63.50 | 45.50 | -18.00 | -39.56 |
| 97 | 重庆市第一中级人民法院 | 62.50 | 43.05 | -19.45 | -45.17 |
| 98 | 上海市高级人民法院 | 39.00 | 25.55 | -13.45 | -52.64 |
| 99 | 昆明市五华区人民法院 | 55.67 | 36.30 | -19.37 | -53.35 |
| 100 | 天津海事法院 | 61.00 | 39.10 | -21.90 | -56.01 |
| 101 | 新疆维吾尔自治区乌鲁木齐市中级人民法院 | 36.00 | 22.40 | -13.60 | -60.71 |
| 102 | 新疆维吾尔自治区高级人民法院生产建设兵团分院 | 37.00 | 22.70 | -14.30 | -63.00 |
| 103 | 河北省廊坊市中级人民法院 | 40.00 | 21.3 | -18.70 | -87.79 |
| 104 | 新疆维吾尔自治区高级人民法院 | 27.33 | 13.00 | -14.33 | -110.26 |
| 105 | 内蒙古自治区巴彦淖尔市中级人民法院 | 26.16 | 11.50 | -14.66 | -127.48 |
| 106 | 江西省九江市中级人民法院 | 61.83 | 25.50 | -36.33 | -142.48 |

续表

| 序号 | 法院名称 | 2017年得分 | 2018年得分 | 变化情况 | 变化率 |
|------|---------|-----------|-----------|---------|--------|
| 107 | 山东省济南市中级人民法院 | 28.17 | 8.40 | -19.77 | -235.32 |
| 108 | 新疆生产建设兵团第一师中级人民法院 | 52.50 | 15.25 | -37.25 | -244.26 |
| 109 | 秦皇岛市海港区人民法院 | 55.00 | 7.50 | -47.50 | -633.33 |

从表3-28中我们可以清楚地看到：109家法院中，有61个法院的总分有所上升，其中三亚中院、贵阳市南明区人民法院、贵阳中院、北京知识产权法院4个法院的变化率都超过了80%，在庭审公开工作上有非常明显的进步。但是也有48个法院的得分有下降现象。其中下降率最为严重的几家法院都超过了100%，如新疆高院、巴彦淖尔中院、九江中院、济南中院、新疆生产建设兵团第一师中级人民法院。秦皇岛市海港区人民法院的变化率更是达到了-633.33%。新疆的法院在服务大局有更重要任务，因此得分下降情有可原，但是其他得分有所下降的法院可能是由于在庭审公开工作上有所松懈。

2. 相同法院相同指标的得分率对比

前文已述，本次评估与对2017年的评估有17个相同指标，对2017年的庭审公开评估中，这些指标的总分是55分，而本次评估中，这些指标的总分是76分。本部分的计算方式是，分别算出两次评估相同法院在相同指标上的实际得分，再以实际得分除以相同指标的总分，计算出得分率和变化率，从而观察相同法院在相同指标中的变化情况。

表 3 - 29　　　　　两年相同法院相同指标得分率对比　　　单位:%

| 序号 | 法院名称 | 2017 年得分率 | 2018 年得分率 | 变化率 |
|---|---|---|---|---|
| 1 | 贵阳市南明区人民法院 | 13.03 | 75.86 | 62.82 |
| 2 | 贵州省贵阳市中级人民法院 | 10.91 | 68.68 | 57.78 |
| 3 | 武汉市武昌区人民法院 | 24.85 | 80.00 | 55.15 |
| 4 | 海南省三亚市中级人民法院 | 10.91 | 64.28 | 53.37 |
| 5 | 北京知识产权法院 | 7.27 | 59.54 | 52.27 |
| 6 | 陕西省高级人民法院 | 14.55 | 66.64 | 52.10 |
| 7 | 陕西省宝鸡市中级人民法院 | 10.91 | 59.54 | 48.63 |
| 8 | 西藏自治区昌都市中级人民法院 | 5.45 | 52.04 | 46.58 |
| 9 | 湖北省高级人民法院 | 13.94 | 50.39 | 36.46 |
| 10 | 北京市朝阳区人民法院 | 17.88 | 51.05 | 33.17 |
| 11 | 山西省吕梁市中级人民法院 | 70.90 | 102.11 | 31.21 |
| 12 | 湖南省高级人民法院 | 22.73 | 51.64 | 28.92 |
| 13 | 内蒙古自治区高级人民法院 | 7.27 | 35.72 | 28.45 |
| 14 | 重庆市高级人民法院 | 27.88 | 55.79 | 27.91 |
| 15 | 湖南省长沙市中级人民法院 | 10.91 | 38.16 | 27.25 |
| 16 | 深圳市福田区人民法院 | 60.61 | 86.84 | 26.24 |
| 17 | 北京市第一中级人民法院 | 32.73 | 57.76 | 25.04 |
| 18 | 沈阳市沈河区人民法院 | 59.70 | 82.37 | 22.67 |
| 19 | 贵州省高级人民法院 | 13.94 | 36.32 | 22.38 |
| 20 | 辽宁省沈阳市中级人民法院 | 57.27 | 75.79 | 18.52 |
| 21 | 山西省太原市中级人民法院 | 85.46 | 103.95 | 18.49 |

续表

| 序号 | 法院名称 | 2017 年得分率 | 2018 年得分率 | 变化率 |
|---|---|---|---|---|
| 22 | 海南省海口市中级人民法院 | 53.03 | 70.92 | 17.89 |
| 23 | 安徽省合肥市中级人民法院 | 61.82 | 79.41 | 17.59 |
| 24 | 北京市高级人民法院 | 10.91 | 28.36 | 17.45 |
| 25 | 江苏省南京市中级人民法院 | 74.70 | 88.82 | 14.11 |
| 26 | 海南省高级人民法院 | 10.91 | 24.41 | 13.50 |
| 27 | 临沂市兰山区人民法院 | 59.09 | 72.17 | 13.08 |
| 28 | 四川省成都市中级人民法院 | 68.18 | 80.79 | 12.61 |
| 29 | 江西省高级人民法院 | 64.10 | 76.51 | 12.41 |
| 30 | 义乌市人民法院 | 77.27 | 89.34 | 12.07 |
| 31 | 哈尔滨市南岗区人民法院 | 70.00 | 80.99 | 10.99 |
| 32 | 天津市第二中级人民法院 | 60.00 | 70.33 | 10.33 |
| 33 | 延吉市人民法院 | 73.33 | 80.86 | 7.52 |
| 34 | 银川市兴庆区人民法院 | 64.55 | 71.78 | 7.23 |
| 35 | 上海市浦东新区人民法院 | 61.21 | 68.36 | 7.14 |
| 36 | 湖南省郴州市中级人民法院 | 64.55 | 71.51 | 6.96 |
| 37 | 甘肃省高级人民法院 | 62.12 | 69.08 | 6.96 |
| 38 | 浙江省高级人民法院 | 71.21 | 77.89 | 6.68 |
| 39 | 天津市滨海新区人民法院 | 65.45 | 71.78 | 6.32 |
| 40 | 福建省高级人民法院 | 71.21 | 77.43 | 6.23 |
| 41 | 天津市第一中级人民法院 | 72.42 | 78.36 | 5.93 |
| 42 | 浙江省杭州市中级人民法院 | 75.15 | 80.00 | 4.85 |
| 43 | 黑龙江省哈尔滨市中级人民法院 | 78.95 | 82.57 | 3.62 |
| 44 | 江西省南昌市中级人民法院 | 73.03 | 76.64 | 3.61 |
| 45 | 安徽省高级人民法院 | 69.09 | 71.84 | 2.75 |
| 46 | 云南省高级人民法院 | 77.88 | 80.59 | 2.71 |
| 47 | 成都高新技术产业开发区人民法院 | 69.70 | 71.58 | 1.88 |

续表

| 序号 | 法院名称 | 2017年得分率 | 2018年得分率 | 变化率 |
|---|---|---|---|---|
| 48 | 新疆维吾尔自治区乌鲁木齐市中级人民法院 | 25.45 | 26.84 | 1.39 |
| 49 | 湖北省咸宁市中级人民法院 | 60.91 | 62.04 | 1.13 |
| 50 | 泉州市晋江市人民法院 | 76.67 | 76.97 | 0.31 |
| 51 | 内蒙古自治区巴彦淖尔市中级人民法院 | 7.27 | 7.24 | −0.04 |
| 52 | 河南省高级人民法院 | 69.09 | 69.01 | −0.08 |
| 53 | 河北省高级人民法院 | 71.82 | 71.25 | −0.57 |
| 54 | 上海市第一中级人民法院 | 61.52 | 60.72 | −0.79 |
| 55 | 郑州市金水区人民法院 | 76.06 | 75.26 | −0.80 |
| 56 | 天津市高级人民法院 | 48.18 | 47.37 | −0.81 |
| 57 | 福建省宁德市中级人民法院 | 78.79 | 77.70 | −1.09 |
| 58 | 甘肃省兰州市中级人民法院 | 77.88 | 76.78 | −1.10 |
| 59 | 宁夏回族自治区银川市中级人民法院 | 62.73 | 61.58 | −1.15 |
| 60 | 西藏自治区拉萨市中级人民法院 | 61.22 | 59.28 | −1.94 |
| 61 | 山西省高级人民法院 | 78.79 | 76.64 | −2.14 |
| 62 | 四川省高级人民法院 | 62.42 | 60.07 | −2.36 |
| 63 | 重庆市大渡口区人民法院 | 82.12 | 79.41 | −2.71 |
| 64 | 新疆维吾尔自治区高级人民法院生产建设兵团分院 | 23.64 | 20.66 | −2.98 |
| 65 | 江苏省高级人民法院 | 83.94 | 80.46 | −3.48 |
| 66 | 广东省广州市中级人民法院 | 86.67 | 83.03 | −3.64 |
| 67 | 云南省昆明市中级人民法院 | 85.15 | 81.12 | −4.03 |
| 68 | 福建省福州市中级人民法院 | 69.09 | 64.21 | −4.88 |
| 69 | 江苏省连云港市中级人民法院 | 73.94 | 68.75 | −5.19 |
| 70 | 安徽省淮南市中级人民法院 | 88.48 | 83.16 | −5.33 |

续表

| 序号 | 法院名称 | 2017 年得分率 | 2018 年得分率 | 变化率 |
|---|---|---|---|---|
| 71 | 吉林省高级人民法院 | 80.30 | 74.74 | -5.57 |
| 72 | 新疆生产建设兵团五家渠垦区人民法院 | 43.94 | 37.96 | -5.98 |
| 73 | 河南省驻马店市中级人民法院 | 89.09 | 82.70 | -6.39 |
| 74 | 青海省高级人民法院 | 83.33 | 76.45 | -6.89 |
| 75 | 青海省西宁市中级人民法院 | 86.05 | 78.75 | -7.30 |
| 76 | 河南省郑州市中级人民法院 | 86.07 | 78.29 | -7.78 |
| 77 | 赤峰市阿鲁科尔沁旗人民法院 | 40.61 | 32.70 | -7.91 |
| 78 | 新疆维吾尔自治区高级人民法院 | 18.79 | 10.53 | -8.26 |
| 79 | 黑龙江省高级人民法院 | 76.36 | 68.03 | -8.34 |
| 80 | 吉林省长春市中级人民法院 | 88.48 | 80.00 | -8.48 |
| 81 | 山东省济南市中级人民法院 | 18.48 | 9.74 | -8.75 |
| 82 | 南宁市青秀区人民法院 | 69.24 | 60.07 | -9.18 |
| 83 | 广东省高级人民法院 | 70.91 | 61.71 | -9.20 |
| 84 | 宁夏回族自治区吴忠市中级人民法院 | 77.88 | 68.22 | -9.66 |
| 85 | 湖北省武汉市中级人民法院 | 80.30 | 70.59 | -9.71 |
| 86 | 上海市高级人民法院 | 38.18 | 28.36 | -9.83 |
| 87 | 上海市第三中级人民法院 | 71.82 | 61.71 | -10.11 |
| 88 | 广西壮族自治区南宁市中级人民法院 | 81.52 | 71.12 | -10.40 |
| 89 | 上海市杨浦区人民法院 | 60.00 | 48.68 | -11.32 |
| 90 | 中卫市中宁县人民法院 | 66.06 | 54.28 | -11.78 |
| 91 | 青海省海北藏族自治州中级人民法院 | 79.09 | 67.30 | -11.79 |
| 92 | 浙江省台州市中级人民法院 | 87.58 | 75.07 | -12.51 |
| 93 | 广西壮族自治区高级人民法院 | 70.00 | 56.64 | -13.36 |
| 94 | 昆明市五华区人民法院 | 56.36 | 42.50 | -13.86 |

续表

| 序号 | 法院名称 | 2017 年得分率 | 2018 年得分率 | 变化率 |
|------|---------|--------------|--------------|--------|
| 95 | 宁夏回族自治区高级人民法院 | 50.00 | 35.79 | -14.21 |
| 96 | 河北省廊坊市中级人民法院 | 29.09 | 14.87 | -14.22 |
| 97 | 内蒙古自治区兴安盟中级人民法院 | 62.73 | 47.57 | -15.16 |
| 98 | 陕西省西安市中级人民法院 | 61.52 | 45.13 | -16.38 |
| 99 | 西藏自治区高级人民法院 | 71.52 | 54.93 | -16.58 |
| 100 | 甘肃省张掖市中级人民法院 | 89.09 | 71.78 | -17.31 |
| 101 | 山东省高级人民法院 | 78.37 | 58.42 | -19.95 |
| 102 | 天津海事法院 | 63.64 | 43.55 | -20.08 |
| 103 | 拉萨市城关区人民法院 | 73.64 | 53.29 | -20.35 |
| 104 | 海口市龙华区人民法院 | 60.30 | 39.80 | -20.50 |
| 105 | 辽宁省高级人民法院 | 80.61 | 59.47 | -21.13 |
| 106 | 重庆市第一中级人民法院 | 75.45 | 43.49 | -31.96 |
| 107 | 江西省九江市中级人民法院 | 54.24 | 19.08 | -35.16 |
| 108 | 新疆生产建设兵团第一师中级人民法院 | 53.64 | 12.17 | -41.47 |
| 109 | 秦皇岛市海港区人民法院 | 60.00 | 7.24 | -52.76 |

由表 3 – 29 可知，有 50 个法院在 17 个相同指标得分上有上升趋势，其中上升较多的 5 家法院分别是贵阳市南明区人民法院、贵阳中院、武汉市武昌区人民法院、三亚中院、北京知识产权法院。这些法院在"相同法院的得分情况对比"表格中，也处于得分上升的前五位，说明这些进步较快的法院不仅在总分上有所进步，而且在两年相同评估指标的对比中也有巨大进步。在总分下降的法院中，这 17 个相同指标也呈

现出较明显的下降趋势，说明相同指标是导致这些法院在庭审公开评估中得分下降的重要原因。得分下降比较明显的有辽宁省高院、重庆一中院、九江中院、新疆生产建设兵团第一师中级人民法院、秦皇岛市海港区人民法院。除了新疆的法院有其他任务在身，其他得分率下降较大的法院在2018年庭审公开的表现与2017年相比，退步非常明显，这也说明这些法院在庭审公开工作中可能有所松懈，没有形成推进庭审公开工作常态化的举措。同时这也意味着有关法院，尤其是层级较高的法院，在全面推进庭审公开工作已经取得一定进展的局面下，要重点关注庭审公开工作推动较为缓慢的法院，了解这些法院庭审公开工作不顺的原因，在庭审公开工作方面精准发力。

# 第四章 人民法院庭审公开工作的成就与推进建议

## 一 人民法院庭审公开工作的成就

### （一）庭审直播工作基本实现常态化

庭审公开是继审判流程公开、裁判文书公开、执行信息公开之后，人民法院司法公开工作的重要举措，中国庭审公开网是最高人民法院建设的全国统一的第四大司法公开平台，是人民法院增强司法透明、主动接受监督的重要途径，对于提升审判质效、促进司法公正具有重要意义。

自庭审直播工作开展以来，在最高人民法院的统一部署下，全国各级人民法院积极对接中国庭审公开网，稳妥增加庭审直播数量，努力扩大庭审公开影响，多措并举，扎实推进，庭审公开工作取得巨大进展。

到 2018 年 2 月 11 日，全国 3517 家法院已全部接入。截至 2018 年 12 月 31 日，在中国庭审公开网上有直播案件的各层级法院中，高院有 31 家接通并进行庭审直播，占比为 96.88%，全国中院有 398 家，占比为 95.9%，基层法院有 2843 家，占比为 92.64%。说明全国绝大多数法院都接入了中国庭审公开网并进行庭审直播。而且截至 2019 年 7 月 12 日，中国庭审公开网累计庭审直播案件达 3940414 件，访问量超过 180 亿次。而在 2018 年 6 月 30 日，直播案件数是 100 万件，访问量是 70 亿次。短短一年时间，无论是直播案件数还是访问量都翻了 3—4 倍，说明中国的庭审直播工作基本上实现常态化。

## （二）庭审公开在社会中的反响渐大

庭审直播是"互联网 +"时代阳光司法理念指导下改革的重要举措，体现审判公开的与时俱进。它打破了公众对司法的神秘感，减少了公众对于庭审活动的无端猜测，切实提升了司法公信力，同时也对法官的职业素养提出了更高的要求。与此同时，庭审直播作为构建阳光司法的重要载体，以其所发挥的司法公开、司法参与和社会监督的功能，对于树立司法权威、构建和强化司法公信力以及提升人民群众的司法获得感同样具有重要的意义。

庭审公开面向社会公开，使人民群众更加接近司法系统，满足人民群众参与司法和监督司法的要求。庭审直播克服了旁听座位席有限的缺陷，使得整个社会都可以参与旁听，不仅保障了公众的参与权，也使得公众能够亲身感受司法的严肃性和公正性。2018 年关注度最高的案件是合肥中院审理的房屋征收决定的行政案件，观看量达到了 764 万次，而该院全年的庭审直播观看量居然高达 5137 万次。在全国范围内，2018 年有 6 家法院的单个案件直播观看量突破了千万次。由此可见，伴随着庭审直播的深入发展和全面推进，社会公众参与庭审直播观看和案件讨论的积极性也在不断提升，起到法治宣传的良好效果，庭审公开成为最鲜活的法治公开课，逐渐成为公众参与司法和监督司法的重要方式。

### （三）以典型直播推进庭审公开工作

庭审公开是生动的法治公开课，如何在庭审公开中加强以案释法，既体现法律尺度，又体现司法温度，实现法理情有机融合，是庭审公开工作面临的重大课题。在积极发展和深入推动庭审公开工作的过程中，中国法院逐渐探索出一套"上好法治公开课"的独特方法。

第一，推动热点案件的审判变成全民共享的法治公开课。传统形式的司法公开，热点案件的公开审理只面向现场的旁听人员和媒体公开，再由媒体进行转述，受此类主客观条件的限制，使得司法公开的实质效果打了折扣。这不仅无法准确、快捷地向人民群众传播庭审实况，而且难以通过个案提高人民群众的法治意识和对司法机关的信任度。以往很多案件成为舆论的焦点，法院和法官成为众矢之的，往往是审判不透明和司法机关公信力不高导致的。庭审视频直播的出现，使整个司法过程都处在社会公众的视线范围内，人民群众可以直接通过视频直播了解案件本身，在每一个社会关注、涉及老百姓切身利益的案件中增强法治意识。

第二，树立典型法官，提高司法公信力。中国一直有树立典型法官的传统，如抗日战争时期的马锡五法官和改革开放后的邹碧华法官。通过表彰优秀法官能够为广大法官提供榜样，也能让人民群众了解和熟悉司法机关的优秀代表。但是，传统方式对典型法官的表彰难以让千里之外的群众切实感受法官的业务水平和人格魅力。而庭审视频直播的出现让业务能力强、深受人民群众喜爱的法官在镜头前审理案件，让人民群众直接了解这些法官之中的佼佼者如何办案，并在这一过程中展现出高超的业务能力和独特的人格魅力，如北京知识产权法院的宋鱼水法官审理的案件就广受好评，而北京以外的人民群众可以通过庭审直播看看官方表彰、群众口耳相传的好法官是怎样的，瞬间拉近了优秀法官与人民群众的距离。与此同时，其他法官也可以借助庭审直播观察优秀法官如何办案，提高自己的业务能力和审判质效。这一举措，一方面可以向社会展示优秀法官的判案水平，另一方面也能够提高公众对我国司法制度的了解和信心。

第三，通过组织庭审公开"专题"促进司法公开工作。庭审直播工作推行以来，中国不少地方结合知识产权保护、禁毒等社会关注度高的问题，组织了多场次的专题庭审直播、联播，形成了很好的示范效应。

除此之外，庭审公开还在促进庭审实质化、提高审判质效上效果良好。在调研中发现，驻马店中院推行庭审公开工作以来，上诉率、发改率都有喜人变化。特别是律师群体，对庭审直播特别欢迎。特别值得提出的是，在中国高达近 500 万次的庭审直播中，从来没有引发重大舆情。

## 二 推进庭审公开工作的建议

### （一）精细化推进庭审公开工作

自中国庭审公开网上线以来，中国庭审公开工作蹄疾步稳，成绩斐然，全国所有法院已全部接入中国庭审公开网，大多数法院也进行了庭审直播，可以说庭审公开工作在全国范围内已经全面铺开，有不少法院在庭审公开工作中表现突出。总体上说，当前中国的司法公开，在深度、广度以及现代化程度上，都在向国际高标准迈进，正在向"即视正义"阔步迈进，基本上实现对西方发达国家司法公开的"弯道超车"。

但是，课题组在评估的过程中发现，不同受评法院在庭审公开的表现中差距较大，有些法院在两次评估中均表现优异、名列前茅，但是也有法院在评估中得分偏低，与表现较好的法院存在相当大的差距，在庭审公开工作的表现上呈现出发展不平衡的局面。这种不平衡现象背后的原因是多方面的，如有些法院因经济条件限制无法更新落后设备，有些法官没有接受系统培训或者担心舆情产生负面影响而不愿直播等。客观上，这种不平衡的发展在不同法院之间会产生不可弥补的鸿沟，逐渐拉大不同法院之间的发展，导致"马太效应"发生，长此以往不利于庭审公开工作的纵深发展。

在庭审公开已经取得巨大成绩的今天，最高院及各省高院可以把重心从大而全的推广落实转变为精细化地推进庭审公开工作。重点帮扶庭审公开工作发展缓慢的下辖法院，了解和解决这些法院遇到的具体问题，从制度上进一步明确树立庭审案件以公开为原则、不公开为例外的理念，从技术上协助更新落后设备、建设科技法庭，从业务能力上提供全面的法官培训，从技术上和心理上解决法官不愿播的问题，不能"玻璃心"，也不要怕"出洋相"。将庭审公开的工作重心落实到每个法院甚至是每一位法官上，从根源上解决庭审公开发展不平衡的问题，从而能够更好发挥司法公开功能，在司法公信力的构建中发挥更大作用。

### （二）庭审过程进一步规范化

法庭是展示司法权威、司法形象和司法公正的庄严场所，法官是法庭的掌控者，是决定庭审质量的关键性因素。但是课题组在抽查案件时却发现部分案件的庭审过程存在不规范操作，如审判员人数不合法、未按规定穿着法袍，甚至还有审判员在审判过程中使用手机，等等。这些现象均存在于课题组抽查的部分案件中，这些案件也会通过视频直播呈现在观众面前。这些违规行为对中国的司法形象无疑是一种损害，也会给观众错误的引导，损害司法公信力。

针对这种情况，各级各地法院要进一步加强法官的法庭礼仪以及庭审直播工作培训，提高法官的综合素养，坚决杜绝庭审中任何违法违规的行为。同时各法院要鼓励院庭长、经验丰富的法官带头参加庭审直播，发挥引领示范作用，为全院法官树立榜样。同时建立和完善庭审直播考核机制，将庭审直播纳入法官、法院绩效考核中，针对庭审直播过程中出现的不规范问题，定时考核和通报，将责任落实到各院各法官，严格维护司法尊严，提高司法公信力。

### （三）完善庭审公开制度，建立全国统一规则

庭审公开体现人民司法的制度优势，庭审直播则树立庭审公开的中国标准和中国范式。庭审公开和庭审直播当然有着现行法律的依据，但在具体实施上，仍然存在制度匮乏的问题，客观上使得各级各地法院在思想上不统一，在观念上有分歧，在做法上不同步，各搞一套、各行其是，不仅导致重复建设和资源浪费，更是一些地方法院不愿意进行庭审公开的重要原因。

中国庭审公开网是继裁判文书公开、审判流程公开、执行信息公开三大平台之后，人民法院建设的第四大司法公开平台。目前最高院就前三大公开工作出台了司法解释，2014 年 9 月 3 日公布并实施《最高人民法院关于人民法院执行流程公开的若干意见》，2016 年 7 月 25 日公布了《最高人民法院关于人民法院在互联网公布裁判文书的规定》，2018 年 2 月 12 日公布了《最高人民法院关于人民法院通过互联网公开审判流程信息的规定》。这些司法解释的出台，贯彻落实了司法公开原则，规范人民法院司法公开工作，促进了司法

公正，提升了司法公信力。

但是中国庭审公开网已经建成并运行三年多，目前还缺少统一的庭审公开规则，导致不同法院在庭审直播中的具体操作不尽相同，各案件的质量差异也较大，不利于庭审直播运行的规范化，也不利于庭审直播向社会推广。各法院在三年的庭审公开过程中积累了一定经验，也发现了庭审公开存在的问题。最高院应结合全国庭审直播的经验和教训，制定全国统一的庭审公开规则。围绕庭审直播案件的选择和审核程序、庭审直播的技术规范、经费投入及运维、法庭秩序规范、不合格庭审视频删除程序等庭审公开涉及的所有问题，建立一套全国统一的规范，确保庭审公开工作能在有序、统一、规范的条件下进行，为庭审直播工作的顺利推进提供良好的制度保障。

### （四）完善直播平台建设

目前中国庭审公开网为全国法院提供了统一的直播平台，各级各地法院也已全部接入中国庭审公开网，各法院逐渐将庭审直播从自建网站转移到中国庭审公开网，进一步加强中国庭审公开网的统一平台功能，中国庭审公开网已经积累了高达500万件次的直播案件数据。但是，作为汇集全国法院庭审直播数据的统一平台，中国庭审公开网仍有改进空间。

第一，每个案件直播页面的部分信息应根据具体情况自行设置限制性选项，例如"案由"一栏，中国庭审公开网应根据不同案由统一设置选项，由审理法院在上传时选择本案案由；又如"审判组织成员"一栏可根据不同法院的员额法官和人民陪审员设置审判员选项，上传案件时由法院选择审判组织成员。这一举措可以避免法院自行填写带来的信息不规范，同时也方便观众通过案由更精准检索到案件。

第二，在"直播回顾"页面上设置点击翻页功能或日期定位，取代当前的滚动翻页，因为滚动翻页无法迅速查找某一时段的案件，而且在网页崩溃后滚动翻页会刷新回到初始点，对用户极不友好。

第三，扩大数据开放程度。首先，在"数据公开"栏目增加自定义日期选择，方便观众筛选查看某一时段的直播案件数量；其次，公开每个法院的不同类型案件的数量；最后，支持手动筛选所需的法院和数据。扩大数据开放程度一方面能直观向公众展示庭审公开工作取得的成果，另一方面也方便更多研究者通过公开数据研究庭审公开，从学理上挖掘庭审公开这座"富矿"。这与国家鼓励开放数据资源，打破数据孤岛，更好实现数据开放共享的精神，也是一致的。

### （五）推动庭审公开经验"走出去"

中国的庭审公开工作已远远走在世界前列，实现了对西方所谓法治发达国家的"弯道超车"，但是由于语言障碍和欠缺庭审公开工作的经验总结，中国的庭审公开工作迟迟未能让世界各国充分了解。而且，各级各地法院在庭审公开工作推动方面不平衡，不同法院之间没有总结出庭审公开工作的经验与教训，无法实现有效的信息交换，也容易加大不同法院在庭审公开方面发展不平衡的鸿沟。

中国法院应该仔细梳理三年多以来庭审公开工作取得的经验和成就，一方面让各国对我国庭审公开工作有基本了解，通过中国的成功经验加深各国对庭审公开的理解，推动各国就庭审公开展开有益的交流。另一方面，总结成功经验和反面教训也能促进全国法院的信息交流，进一步帮扶庭审公开工作落后的法院，缩小庭审公开发展不平衡的鸿沟，全面促进人民法院庭审公开工作的发展。

# 结　语

公开是现代司法的重要特征，是司法人民性的重要体现。中国庭审公开网上线三年以来，人民法院的司法公开工作进展迅速，不仅使中国的司法公开进入一个新阶段，也使全人类的司法公开再上一个新台阶。庭审公开作为司法公开的重要组成部分，实现庭审公开的常态化，对于司法系统的权威、人民群众的权利保障以及丰富人类司法公开实践都有积极意义。

司法机关通过庭审直播将司法过程向社会公开，无论是审判人员的行为举止、司法活动中当事人及律师的言行，还是案件所涉及的事实和细节，抑或是案件最终处理结果，都被置于社会公众的见证与监督之下。这在客观上倒逼司法审判人员提高业务水平，抑制司法腐败，从而提升司法公信，实现司法能力与司法权威齐头并进，以阳光透明为人民法院树立公正、高效、为民、廉洁的形象，最终真正以阳光法院彰显中国司法的价值和品性。

在法院之外的广泛日常生活中，人民群众通过庭审视频直播便捷、直观地观察庭审活动，庭审直播将法庭的"说理"过程通过庭审视频传递到社会，也会提高社会公众对法律权威、司法权威的服从与认可，促进社会理性化进程。

但是，我们仍要清醒地认识到，中国庭审公开取得的成就只是人类在迈向更透明、更公正的司法公开漫漫征途中的起步阶段。庭审公开在社会中不乏犹疑观望，仍有部分法院和法官由于种种主客观原因迟迟没有进行庭审直播，或者进展缓慢。我们在推进的过程中不仅要"观大局"，也要注意各种细碎的问题，珍惜多年来司法公开来之不易的宝贵成果。

三年多来，人民法院在庭审公开上取得的丰硕成果，使我们对庭审公开的未来充满希望。我们希望中国的庭审公开能够迈向更加光明的彼岸，也期待着庭审公开能够成为中国司法公正的标志性成果，成为中国为未来世界司法文明、权利保障提供的重要智慧贡献。

# 参考文献

郭士辉：《让正义以看得见的方式实现——人民法院全面推进依法治国工作亮点巡礼》，《人民法院报》2016年7月11日第1版。

黄文艺：《司法公开意义深远》，《法制与社会发展》2014年第3期。

田禾：《推进司法公开　促进司法公正》，《人民法治》2016年第11期。

叶子豪：《庭审公开的域外实践与中国经验——从新闻报道与公正审判的关系切入》，《法律适用》2019年第17期。

支振锋：《庭审网络直播——司法公开的新型方式与中国范式》，《法律适用》2016年第10期。

支振锋：《庭审网络直播塑造司法公开中国高度》，《人民法治》2016年第11期。

支振锋等：《中国司法公开新媒体应用研究报告（2018）——人民法院庭审公开第三方评估》，中国社会科学出版社 2018 年版。

# 后　记

　　展现在读者眼前的是对 2018 年度全国法院庭审公开工作进行第三方评估的报告，这是我带领研究团队第二次对全国法院庭审公开工作进行第三方评估的研究结果。

　　长久以来，我们的法治理念乃至法治实践受西方影响甚大，甚至不少有识之士臣服于西方的支配，将西方法治理论建构出来的理想世界作为法治实践的唯一目标。但是不假思索接受一套既定方案和秩序不是科学的态度，作为独立的民族和具备道德理性的个体，中国人有正当理由摆脱对西式法治理论依附的同时，亟须建构一套具备正当性和竞争性的法治理论。因为法治模式不可能化约为单一的西式法治，中国人有资格为自己的生活方式和生存秩序辩护，并就由此产生的一般性实践问题提供最佳的辩护方案。这种努力的意义不仅仅是在为争取承认而斗争，更是要打破西方中心主义近 500 年的支配地位，为所有后发国家的发展提供"走自己的现代化之路"的正当性。也就是说，在新时代，我们不仅要从自己法治的历史与现实的实践中提炼有中国特色的法治理论，而且这种法治理论并不仅仅属于"中国"，同样是一种具有普遍解释力、能够与西方法治理论相竞争的中国法治理论，从而丰富人类对法治理论的探索和选择，为全人类的法治进步贡献有中国特色的思想和智慧。

面对西方法治理论的支配地位，中国人如何突出重围，或者说，中国人如何为人类做出法治贡献？令人欣喜的是，经过决策层的高屋建瓴、司法机关的实践担当以及人民群众的鼎力支持，中国的司法公开尤其是庭审公开实践走在世界的领先地位。

实践的开展，也促进了研究的进展。从六年前开始观察人民法院的司法公开工作，三年前出版第一本研究报告《中国司法公开新媒体研究报告（2015）——从庭审网络与微博视频直播切入》，到去年对 2017 年全国法院庭审公开工作进行首次第三方评估，并出版研究报告《中国司法公开新媒体研究报告（2018）——人民法院庭审公开第三方评估》，我们也在人民法院庭审公开工作的研究上逐渐有了更多积累。我们深切感受到了奋斗在中国法治第一线的实践者是如何一步一步推动中国法治发展的，也深切感受到了"做实事"的艰辛。但是这些事实让我们能够更加真切体会到法治不单纯是理念建构，而是在现实生活中一步一个脚印的坚韧前行。

在评估过程中，感谢最高人民法院审判管理部门的支持与协调，为课题组提供了许多建设性意见，也让课题组能够便捷高效地获取许多重要数据，减轻课题组的负担。特别要感谢审管办的领导和同志们，他们对实践问题看得精准、认识深刻，而且虚怀若谷、热情友善，给课题组提供了许多有益的指导、启发和宝贵的帮助。

课题组遇到无数的困难，我们都尽力克服。感谢课题组成员叶子豪、徐梦雅、王欣、郭博伟、任蕾和霍文韬，没有他们的辛劳付出，这次评估会面临更多困难。另外，中国社会科学院研究生院人口学系2016级硕士研究生黄婉婷在数据分析阶段提供了技术上的建议与支持，在此一并致谢。

虽然这是课题组第二次对人民法院庭审公开工作的第三方评估，但由于理论水平有限、实践经验不足，肯定还存在不少问题，还请各位方家多多批评指正。我们期待着，我们国家正在进行的庭审公开能够树立司法公开的中国标准和中国高度。

支振锋

2019 年 9 月

支振锋，中国社会科学院法学研究所研究员，中国社会科学院大学长聘教授，《环球法律评论》杂志副主编，国家"万人计划"青年拔尖人才，博士生导师。中国法理学研究会常务理事，《人民日报》评论部专家顾问组成员。

曾主持国家社科基金课题两项，中央宣传部、中央政法委、中央网信办、最高人民法院、教育部、司法部等部门委托课题二十余项。出版著（译）作十四部，在权威或核心期刊发表学术论文五十余篇，在《人民日报》《光明日报》《求是》"两报一刊"发表文章五十九篇，在其他报刊发表文章两百余篇。

叶子豪，中国社会科学院大学（研究生院）硕士生，在《法律适用》等杂志或论文集发表论文若干，参与最高人民法院委托项目"人民法院庭审公开第三方评估研究（2018）"，参与撰写并出版《中国司法公开新媒体应用研究报告（2018）——人民法院庭审公开第三方评估》（中国社会科学出版社 2018 年版）等著作三部。